생각정리 50분
글쓰기 10분

일러두기
1. 예문에 나온 학생들의 이름 중 일부는 가명으로 처리하였습니다.
2. 예문은 원문을 최대한 살렸으나 현행의 맞춤법 규정에 따라 바로 잡았습니다.

초등 고학년 독서감상문부터 일기, 동시 쓰기까지!

생각정리 50분 글쓰기 10분

노혜영 글 | 양은아 그림

학고재

강한글 삼촌이 선생님? 6

1. 독서감상문이 너무해! 20

2. 감상문 종류는 다양해 42

3. 생활글이 뭐야? 52
   글을 쓸 때 꼭 기억할 것들! 60

4. 일기, 맨날 써야 해? 64

5. 편지글 쓰는 법! 78

- 6 여행글은 신나! 90
- 7 체험글은 기록이 중요해 100
- 8 주장하는 글은 내 스타일이야 112
  학교 글쓰기 대회 걱정하지 마! 122
- 9 자기소개글은 왜 써? 130
- 10 동시는 정말 쉬워 140

반가운 소식 149

강한글 삼촌이 선생님?

"매월 문화제에서 상 받으면 해외로 여행 간대."

용성이가 호들갑을 떨며 교실로 들어왔다.

"아, 그거 아무나 나가는 거 아니야. 교장 선생님 추천서가 있어야 해."

희연이가 이미 알고 있다는 듯 잘난 척을 했다. 희연이는 학교 글쓰기 대회에서 수시로 상을 받는 아이다.

"그 대회에 나도 나가고 싶다. 해외여행이면 어디래?"

윤태가 귀를 쫑긋 세우며 용성이를 보았다.

"덴마크에 있는 동화마을도 가고, 코펜하겐 시내 구경도 하고 그런다나 봐. 중앙복도 게시판에 안내문이 붙어 있던데 가 볼래?"

용성이가 윤태에게 고개를 까딱했다. 윤태는 지금껏 한 번

도 해외여행을 가본 적이 없다. 해외여행은커녕 제주도도 못 가봤다. 그래서 비행기를 타보는 게 소원이다.

"가보자!"

윤태가 벌떡 일어나 용성이 쪽으로 가려는 찰나 선생님이 들어오셨다. 윤태는 하는 수 없이 다시 제자리로 가 앉았다.

"선생님, 저도 매월 문화제 나가면 안 돼요?"

"저도요."

"저도 나갈래요."

윤태 말에 여기저기서 손이 번쩍 올라왔다. 다른 아이들도 해외여행을 가고 싶어 그러는 게 분명하다.

"어이구, 웬일들이야. 윤태 너도 참가하려고?"

선생님 눈이 두 배로 커졌다. 그러고는 고개를 갸우뚱거리며 윤태를 어려운 수학 문제 보듯 쳐다보셨다.

"일단 가족, 우정, 우리 고장, 행복, 이 네 가지 중에서 글감을 정한 다음 금요일까지 글을 써오면 돼. 그러면 선생님들이 심사해서 교장 선생님 추천서를 받아줄 거야."

선생님 말씀이 끝나자 윤태는 좋아서 어쩔 줄을 몰랐다. 희연이처럼 글 잘 쓰는 애들만 골라서 추천서를 써주는 게 아니라 자기한테도 기회가 주어졌기 때문이다.

"윤태야, 대회에 나가는 것도 좋지만, 이제부터 독서록에 그림만 그리지 말고 글도 좀 써와라."

선생님이 검사를 마친 독서록을 나누어주며 말씀하셨다.

"네, 알겠습니다!"

윤태는 날아갈 듯 가벼운 목소리로 대답했다. 마음은 벌써 비행기를 타고 덴마크 동화마을에 가 있었다.

"윤태야, 너 정신 좀 차려라. 기대가 크면 실망도 크다는 말

도 모르냐?"

"맞아, 일기도 제대로 못 쓰고 독서록도 책을 대충 베껴서 내는 주제에 무슨 글쓰기 대회를 나간다고."

쉬는 시간에 희연이와 동신이가 윤태 자리로 와서는 고개를 절레절레 흔들며 혀를 찼다.

"나도 잘할 수 있다 뭐."

윤태는 가슴을 앞으로 내밀며 자신 있는 척했지만 목소리에는 힘이 별로 없었다. 저번 '통일 글짓기'랑 '에너지 절약 글짓기'에서 선생님께 엄청 혼이 난 기억이 떠올랐기 때문이다.

"잘 모르면 물어보든가. 성의껏 써보려고 해야지. 장난해? 엉?"

선생님은 평소와 달리 엄청 화를 내셨다.

제목: 통일 찬성합니다!

만약 북한이 폭탄을 쿠과광 쿠과광 쏘면
사람들이 놀라서 철푸덕 철푸덕 넘어지고
아파트가 우르르 우르르 부서지고
아이들은 으허헝 으허헝 울고
총에 맞은 사람은 피가 철철철 줄줄줄 나서
깨꼬닥 깨꼬닥 죽는다.

제목: 에너지를 절약하자

쏴아쏴아 물이 쏟아지는 수력발전
태양 쨍쨍 찌잉찌잉 태양발전
바람 롸이야 롸이야 풍력발전
이잉이잉 징징징 원자력발전
전기가 지지직지지직
백만볼트 찌리릿찌리릿……
에너지를 아껴씁시다.

뭐라고 써야 할지 몰라서 이렇게 의성어와 의태어만 잔뜩 늘어놓았던 것이다.
"이번에는 파다닥 파다닥, 우적 우적, 아드득 아드득…… 그렇게 쓸 거니?"
친구들 말을 듣자 윤태 마음에서 풍선 바람 빠지는 소리가 나는 것 같았다. 환상의 나라에서 '쿵' 하고 현실 세계로 떨어진 기분이랄까. 글만 써서 내면 당장 뽑힐 것 같았는데 그게 아니라는 걸 깨닫는 순간이었다.

윤태는 학교가 끝나자 터덜터덜 걸어 집으로 갔다.
"학교 다녀왔습니다."
윤태가 힘없이 인사를 했다. 문방구 물건을 정리하던 엄마는 윤태를 힐끗 보며 또 선생님께 혼났느냐고 물었다.

"매월 문화제에서 상 받으면 해외여행도 갈 수 있다는데 난 글을 못 써서 못 가! 그리고 선생님이 이제부터 독서록에 그림만 그리지 말고 글도 써오래."

윤태의 눈썹이 아래로 쳐지고 입도 삐죽 나왔다.

"네 실력에 대회는 무슨 대회? 선생님 말씀대로 독서록하고 일기나 잘 써. 그리고 독서록에 줄거리도 쓰고 느낀 점 같은 걸 쓰라니까 왜 그림만 그려갔어."

엄마는 말도 참 쉽게 하신다. 그렇게 잘할 수 있으면 왜 걱정을 할까.

"몰라, 어떻게 써야 하는지 모른다고!"

윤태는 소리를 지르고는 몸을 휙 돌려 집으로 들어갔다. 윤태네 집은 '똑똑한 문방구'랑 붙어 있다. 가게 안쪽에 난 문으로 들어가면 조그만 마당과 함께 마루가 딸린 집이 나오는데 거기가 윤태네 집이다.

윤태는 일부러 마루가 쿵쿵 울리게 걸어가 냉장고에서 음료수를 꺼냈다. 그러고는 컵에 따르지도 않고 병째 입에다 대고 거푸 마셨다. 윤태는 해외여행을 갈 수 없다는 생각에 너무 속상했다. 그리고 엄마가 자신에게 관심이 없는 것 같아 서운했다. 희연이나 동신이 엄마는 어머니회 임원도 하고 학교도 자주 찾아와서 얼굴을 비치지만 윤태 엄마는 늘 일하느라 바쁘

시다. 아빠가 작은 회사에 다니기는 하지만 대출금도 갚아야 하고 시골 할머니께 생활비도 드려야 해서 엄마도 쉴 수 없다는 건 윤태도 안다. 아무리 그래도 그렇지, 아들 숙제나 공부도 봐주지 않는 건 너무하다 싶어 서운함이 몰려왔다.

띠링띠링—.
'똑똑한 문방구' 문이 열리고 한 남자가 나타났다.
"넌, 일찍 들어와서 누나 일 좀 돕지 않고 어딜 쏘다니다 이제 오냐!"
엄마가 강한글 삼촌한테 짜증을 냈다.
"채용 공고 나온 거 없나 알아보려고 여기저기 둘러보느라 그랬어, 누나."
대여점에서 만화책을 열 권이나 빌려온 삼촌은 책 봉지를 뒤로 감추며 기어들어 가는 목소리로 변명했다. 삼촌은 취업 시험을 본다고 대전에서 올라와 벌써 석 달째 윤태네 집에 머물고 있다. 여기저기 시험을 보긴 했다는데 도통 합격소식은 들려오지 않았다.
"한글아, 너 윤태 글쓰기 숙제 좀 봐줘라. 너도 알다시피 내가 그런 건 잘 모르잖냐. 넌 대학에서 국문학까지 전공했고 논술학원에서 일한 경력도 있으니 글 쓰는 건 잘 알 게 아니냐. 윤태가 오늘도 글 못 썼다고 선생님께 혼났단다."

엄마가 간절한 눈빛으로 삼촌을 봤다.

"흐흐흠. 내가 그럴 시간이 어디 있어, 누나. 시험 준비해야 되는데. 그리고 윤태가 내 말을 듣겠어?"

삼촌은 가시에 찔린 사람처럼 깜짝 놀랐다. 엄마가 이글이글 불타는 눈빛으로 삼촌을 뚫어지게 쳐다봤기 때문이다.

"너, 뒤에 숨긴 거 뭐야. 만화책이지? 이럴 거면 당장 시골로 내려가! 여기서 허송세월하려면 시골 가서 어머니 아버지 농사일이나 거들어."

엄마가 삼촌이 들고 있던 만화책 봉지를 홱 뺏으며 화를 냈다. 그러자 과자와 장난감을 고르던 아이들이 놀란 눈으로 엄마와 삼촌을 쳐다봤다. 삼촌은 금방이라도 울 것 같은 얼굴로 엄마한테 사정을 했다.

"알았어, 누나. 내가 얼른 들어가서 윤태 숙제도 봐주고 글쓰기 공부도 시킬게. 제발 시골 가서 농사지으라는 말은 하지 말아줘. 농사는 내 체질 아니야."

삼촌은 엄마 손에서 만화책을 다시 가로채 집으로 들어갔다.

"너, 똑바로 안 하면 가만 안 둬! 내가 지켜볼 거야. 알겠어?"

엄마가 눈을 흡뜨며 삼촌 뒤통수에 대고 한 번 더 소리를 빽 질렀다.

"윤태야, 삼촌이 숙제 봐줄게, 뭐든지 다 물어봐."

삼촌은 엄마한테 들리도록 일부러 가게 쪽에 대고 큰 소리로 말했다. 윤태는 대답도 않고 마루에 앉아 스마트폰 게임에 열중하고 있었다.

"윤태야, 가방 가져와 봐. 오늘 숙제가 뭐라고?"

"그건 삼촌이 알아서 뭐하게요."

윤태는 삼촌을 보지도 않고 시큰둥하게 대답했다.

"오늘부터 내가 너 숙제도 봐주고 글쓰기 공부도 가르쳐줄 거야. 안 그러면 나 너희 엄마한테 쫓겨난다."

윤태는 게임오버가 되고서야 스마트폰을 놓고 삼촌을 봤다. 하지만 삼촌 모습 어디에도 공부를 잘 가르쳐줄 것 같은 믿음직한 면은 보이지 않았다.

"너, 지금 삼촌이 뭘 알아서 공부를 가르치겠나 의심하고 있지?"

"어, 그걸 어떻게 알았어요? 취직 시험에서도 계속 떨어지는 삼촌이 나를 가르칠 수 있을까 생각했어요."

윤태가 의심스러운 눈빛으로 삼촌을 뚫어져라 쳐다봤다.

"얘가 사람을 아주 무시하네. 내가 취직 시험에서 떨어지는 건 공부를 못해서가 아니야, 키가 작아서지. 이래 봬도 대전에서는 전교 10등 안에 들었단 말이지. 그리고 내가 학원에서 아이들 글쓰기를 가르친 게 몇 년인 줄 알아?"

윤태는 삼촌이 공부 잘했다는 말은 아빠 엄마한테 들은 적이 있어 고개를 끄덕였다. 하지만 삼촌이 자기한테 뭘 가르쳐 준다는 게 상상이 되지 않았다.

"그럼 삼촌은 키 클 때까지 취직 못해요?"

"그럴 리가. 머지않아 삼촌의 진가를 알아주는 곳이 나타나겠지."

삼촌이 윤태의 머리를 만지며 힘주어 말했다. 윤태는 왠지 삼촌이 안돼 보여 가방을 열고 독서록을 꺼냈다. 윤태도 키가 작아서 땅꼬마니, 땅지렁이니 하는 놀림을 받은 적이 있기 때문에 삼촌 마음이 이해가 되었다.

"우리 이제부터 매일 한 시간씩 글쓰기 공부하기다."

"근데 삼촌, 나도 글쓰기 공부 열심히 하면 대회에 나가서 상 받을 수 있을까요?"

윤태는 오늘 학교에서 있었던 일을 이야기했다. 윤태의 이야기를 다 들은 삼촌은 글솜씨가 완전 엉망인 애들을 가르쳐서 상을 받게 한 적이 있다며 걱정 말라고 했다. 윤태는 이번 대회는 틀렸지만 다음번에는 꼭 상을 받아서 희연이와 동신이의 기를 팍 눌러놓고야 말겠다고 생각했다.

 삼촌, 책만 읽으면 되지 도대체 독서감상문은 왜 써야 하는 거예요?

 좋은 질문이구나. 독서감상문을 쓰면 내용을 한 번 더 정리할 수 있고, 그 책을 통해 알게 된 것이나 느낀 점을 마음속에 되새길 수가 있단다. 그리고 생각을 글로 정리하다 보면 생각하는 힘도 길러지고 글쓰기 실력도 향상되지.

 그런데 독서감상문을 어떻게 써야 할지 모르겠어요.

 독서감상문은 꼭 이렇게 써야 한다는 법은 없단다. 책을 읽고 난 느낌과 생각을 자유롭게 적으면 되니까. 이따금 줄거리만 잔뜩 늘어놓는 경우가 있는데 그보다는 재미있는 장면이나 감동적인 부분을 소개하고 그에 대한 내 생각을 쓰는 게 좋겠지. 내가 만일 주인공이었다면 어떻게 했을지, 이 책을 통해 새롭게 알게 된 것은 뭔지 그런 걸 적어도 된단다.

독서감상문, 이렇게 써봐

📖 저자나 책에 대해 간단히 소개합니다.

📖 인상 깊은 장면을 적고 그에 대한 내 생각을 씁니다.

📖 주인공이나 등장인물의 행동에 대해 비판하거나 칭찬해봅니다.

📖 마음에 남는 문구를 적고 깨달은 점을 써봅니다.

📖 뒷이야기를 상상해 만들어봅니다.

📖 책을 통해 새롭게 알게 된 것이나 본받을 점을 적습니다.

 그럼 한번 따라서 써볼까?

책제목: 친구 사이는 어려워—도와줘요, 소크라테스!
지은이: 노혜영 | **출판사:** 도서출판 학고재

저자나 책에 대한 간단한 소개

예) 이 책은 어린아이들도 소크라테스에 대해 쉽게 알 수 있도록 재미있게 쓰여 있다. 엉뚱한 주인공 대표는 우연히 분식집에 갔다가 아르바이트 신 아저씨를 만나는데 그 아저씨는 맨날 소크라테스 얘기만 한다. 아저씨는 소크라테스가 2500년 전 그리스에서 활동한 철학자라고 말해준다.

인상 깊은 장면을 소개하고 그에 대한 내 생각

예) 아저씨는 대표가 가는 곳마다 나타난다. 왜냐하면 아저씨는 아르바이트를 다섯 개도 넘게 하기 때문이다. 역시 아르바이트 신답다. 분식점에서 돈가스도 튀기고, 찜질방에서 때도 민다. 중국집 배달도 하고, 슈퍼마켓에서 계산도 해주고, 병원에서 세탁일도 한다. 아저씨는 노숙자였다는 게 부끄러워서 더 열심히 일하는 것 같다. 나는 아저씨가 앞으로 돈을 더 많이 벌어서 가난하고 힘든 사람을 돕는 부자가 되면 좋겠다.

📒 **주인공이나 등장인물의 행동에 대해 비판하거나 칭찬하기**

예) 나는 대표가 찬하한테 스마트폰 값 물어 달라고 하는 게 좀 심하다고 생각한다. 찬하도 대표의 스마트폰을 망가트려서 속상하고 미안할 텐데 그렇게 몰아세우면 안 된다. 나도 예전에 친구 자전거를 타다가 넘어져 핸들을 망가트린 적이 있다. 그때 정말 미안했는데 친구가 다치지 않았으면 됐다고 말해서 눈물이 날 만큼 고마웠었다.

📒 **마음에 남는 문구**

예) '내가 정말 두려워하는 게 무엇인지 아는 게 진정한 용기'리고 한 말이 마음에 남는다. 아이들은 귀신체험을 갔을 때 찬하네 개를 보고 놀라고, 고장 난 환풍기가 돌아가는 소리를 듣고 귀신 소리라고 착각했다. 그건 겁에 질려서 아무것도 제대로 알지 못했기 때문에 그런 것이다. 나는 앞으로 뭐든지 올바로 보고 정확하게 판단한 다음 행동해야겠다.

📒 **뒷이야기 상상해보기**

예) 대표와 찬하, 그리고 해린이는 소크라테스에 대해 더 많이 공부해서 아는 것은 꼭 실천하고, 서로 배려해주는 사람이 되었을 것 같다. 어쩌면 세 아이 모두 아르바이트 신 아저씨처럼 만나는 사람마다 소크라테스에 대해 얘기할지도 모른다. 그래서 친구들이 그들을 소크라테스 삼총사라고 부를 수도 있다.

📖 책을 통해 새롭게 알게 된 것이나 깨달은 점

예) 소크라테스는 정의와 사랑과 용기, 덕에 관해 얘기했고 그것을 지키려고 노력했다. 나는 이 책을 통해 산파술이 대화와 토론을 통하여 깨달음을 이끌어내는 방법이라는 것과 소크라테스의 제자 플라톤에 대해서도 알 수 있었다. 그리고 '너 자신을 알라'라는 말이 네 주제를 알라고 핀잔할 때 쓰는 말이 아니라는 것도 알았다. 자신이 아무것도 모른다는 사실을 스스로 깨달을 때만 참다운 지식을 얻게 되고 올바르게 행동할 수 있다는 말이었다.

 다른 친구들은 독서감상문을 어떻게 쓸까?

책제목: 방귀 스티커
지은이: 최은옥 | **출판사:** 푸른책들
제목: 『방귀 스티커』를 읽고

3학년 장선아

　민구는 학교 가기를 싫어한다. 왜냐하면 자꾸 방귀가 나오기 때문이다. 그래서 밥을 안 먹고 굶었다. 그러자 아빠가 책상을 치면서 방귀를 뀌는 법을 알려주었다. 민구는 학교에 가서 아빠가 알려준 대로 책상을 치며 방귀를 뀌었다. 만약 우리 학교에서 아무 때나 책상을 치면 선생님께 혼날 것이다. 나라면 차라리 기침하면서 뀔 것이다.

　선생님이 앞으로 방귀 뀌면 스티커를 준다고 말했다. 스티커를 제일 많이 모으면 선물을 주겠다고 하자, 아이들은 1등을 하려고 서로 방귀가 많이 나오는 음식을 먹었다. 병찬이는 방귀가 안 나와서 콜라를 엄청 마시고 트림도 참았다가 힘을 주자 설사가 주르륵 나왔다. 병찬이는 1위를 하고 싶었는데 결국 혜린이가 1위를 차지해서 민구와 병찬이는 아쉬워했다.

　나는 아무리 선물을 받아도 절대로 방귀를 뀌지 않을 것이다. 왜냐하면 부끄럽기도 하고 창피하고 아이들이 놀릴 수도 있기 때문이다.

책제목: 장영실
지은이: 유타루 | **출판사:** 비룡소
제목: 발명가 장영실

3학년 원규성

장영실은 천민이었다. 그러나 아이디어가 풍부해서 임금님이 불러 한양에 가게 되었다. 궁궐에서 쓸 여러 물건을 만들고 건물을 짓거나 성을 쌓는 일을 했다. 모르는 게 있으면 공부하고 연구해서 자꾸만 편리한 물건을 만들었다. 사람들의 칭찬에도 우쭐대지 않고 맡은 일에 최선을 다했다.

나도 아이디어가 좋은 건 아니지만 장영실처럼 나름 뭐든 열심히 한다. 그래서 선생님께 칭찬도 많이 듣는다. 나는 꿈이 탤런트인데 열심히 노력해서 꼭 탤런트가 되고 싶다.

어느 날 세종대왕이 장영실을 명나라로 유학 보냈다. 그곳에서 좋은 기술을 많이 배워오라고 그런 것이다. 그 후 장영실은 측우기, 혼천의, 자동 물시계 등을 만들어냈다. 그래도 나는 유학을 가고 싶지 않다. 왜냐하면 부모님과 떨어져 지내고, 외국이 무섭기 때문이다. 그리고 우리나라에도 배울 것이 많으므로 열심히 하면 성공할 수 있다고 생각한다. 장영실이 요즘 세상에 태어났으면 훌륭한 발명가나 과학자가 됐을 것 같다.

책제목: 꼬리잘린 생쥐
지은이: 권영품 | **출판사:** 창비
제목: 『꼬리잘린 생쥐』를 읽고

3학년 송윤우

　쥐들이 사는 세상에도 잘나고 못난 게 있다니 정말 웃기다. 빠른발은 고양이한테 잡혔다가 꼬리가 잘렸다. 그래서 빠른발은 안전한 학교로 가려고 하였다. 빠른발은 밤에 보초 쥐들이 없을 때 몰래 교실로 들어가서 잠을 잤다. 아침에 아이들과 선생님은 햄스터라고 착각하고 교실에서 빠른발을 키웠다.

　나는 선생님과 아이들이 바보 같다. 햄스터는 털이 부드럽고 쥐는 털이 뻣뻣하다. 그리고 예전에 우리 집에서 햄스터를 키운 적이 있는데 어미 햄스터가 새끼 햄스터를 할퀴어서 죽여놨다. 내가 선생님이라면 햄스터든 생쥐든 당장 쫓아낼 것이다.

　학교에서 잘난쥐들은 마루 밑에서 살고 못난쥐들은 화장실에서 산다. 어느 날 못난쥐와 잘난쥐가 싸웠다. 못난쥐가 이겼다. 그래서 잘난쥐들은 학교에서 쫓겨났다.

　나는 잘난쥐들이 바보처럼 생각된다. 왜냐하면 그냥 같이 살았으면 학교에서 쫓겨나지 않았을 텐데 많은 것을 바라다가 자기들만 쫓겨났기 때문이다.

 다른 독서감상문은 없을까?

 이제 조금 알 것 같아요. 혹시 독서감상문을 좀 더 재미있게 쓰는 방법은 또 없어요?

 음, 있지. 책을 읽고 인상 깊은 장면을 그림으로 그려도 되고, 주인공에게 편지 쓰는 형식, 독서시, 이야기 바꿔 쓰기나 등장인물과 인터뷰하기도 좋지.

 이야기 바꿔 쓰기가 뭔데요?

 책을 읽고 나서 마음에 안 드는 부분이나 고치고 싶은 장면이 있으면 바꿔보는 거지.

 아, 그거 재미있겠네요. 그럼 등장인물과 인터뷰하는 건 어떻게 하는 거예요?

 책 속에 나오는 인물을 정한 다음 그 사람한테 궁금한 걸 묻고 대답해보는 거야. 그러면 그 인물에 대해 좀 더 자세히 알 수 있고 더 가까이 느끼게 된단다.

주인공에게 편지 쓰기

책제목: 베컴머리 힙합 선생님
지은이: 노혜영 | **출판사:** 교학사
제목: 유별이에게

4학년 황수연

안녕?

나는 황수연이라고 해. 내 이름만 들으면 다들 여자라고 생각하겠지만 난 키도 크고 조금 뚱뚱한 4학년 남자야. 아무튼, 반갑다.

이 책을 처음 읽을 때, 난 너와 또비가 정말 불쌍했어. 또비는 엄마가 베트남 사람이라서 한글을 잘 몰랐고 너는 1학년 때 필리핀으로 유학을 갔다 와서 맞춤법이 다 틀렸잖아.

난 해성이가 또비를 놀렸을 때 네가 싸워준 게 멋있었어. 필리핀에서 공부는 못 배웠어도 형들한테 싸움은 제대로 배웠다고 했지. 한 번 본때를 보여주니까 애들이 그다음부터 안 까불고 선물도 주면서 잘 보이려고 하더라. 역시, 주먹은 세계 '공용어'라는 너의 말이 맞는 것 같아.

나는 여기 나오는 베컴머리 힙합 선생님이 정말 웃겨. 힙합도 추고 랩으로 공부도 가르쳐주잖아. 만약 우리 학교에 이런 선생님이 세 분만 계신다면 진짜 신나고 재미있을 것 같아.

31

유별아,

　너는 꿈이 뭐니? 의사? 아니면 패션디자이너? 나는 마진구 선생님같이 초등학교 교사가 되는 게 꿈이야. 누가 뭐라고 해도 기죽지 말고 열심히 노력해서 꼭 멋진 사람이 되자.

　　　　　　　　　　　　3월 2일 목요일 황수연 씀

독서시

책제목: 프린들 주세요
지은이: 앤드루 클레먼츠 | **출판사:** 사계절
제목: 프린들, 프린들

4학년 박정우

닉은

프린들, 프린들

자꾸 불러서

어엿한 말이 되도록 했지

볼펜에도, 티셔츠에도

프린들 상표가 붙고

부자가 됐네

나도

엉뚱한 생각 많이 해서

닉처럼 부자가 되고 싶어

책제목: 흥부전
지은이: 미상

3학년 장나윤

흥부는 제비 다리를 고쳐주고 박씨를 얻어 심었어요. 그랬더니 가을에 박이 주렁주렁 달려서 흥부네 가족은 너무 기뻤어요.

"박을 잘라서 맛있는 음식을 해 먹읍시다."

흥부와 아내는 마당에 박을 잔뜩 따놓고 톱으로 자르기 시작했어요. 그런데 이게 웬일일까요? 첫 번째 박에서 컴퓨터가 나온 거예요. 흥부네 아이들은 너무 좋아서 펄쩍펄쩍 뛰었어요.

"아빠, 빨리 다음 박도 잘라 봐요."

아이들은 궁금해서 톱이 움직이는 것만 지켜보았어요. 그때 박이 쩍 갈라지더니 게임기와 스마트폰이 쏟아져나왔어요. 아이들은 신이 나서 저마다 한 개씩 들고 가서 게임을 시작했어요. 그때부터 흥부와 아내는 컴퓨터와 스마트폰만 하고 아이들은 게임에 빠져버렸어요. 그래서 흥부네는 영원히 가난하게 살았답니다.

 등장인물과 인터뷰하기

책제목: 논어 우리반을 흔들다
지은이: 최은순 | **출판사:** 도서출판 학고재

4학년 오수린

기자: 어떻게 논어를 공부하게 됐나요?

예범: 할아버지가 옹골서당 훈장님이라서 학교가 끝나면 항상 가서 배웠어요.

기자: 아이들은 논어, 맹자라는 말만 들어도 뇌가 흔들린다고 하는데 어렵지 않나요?

예범: 아니요. 공자님은 배우고 익히는 것이 즐거운 일이라고 했어요. 저도 논어를 배울 때 그 시간이 기다려질 만큼 좋았어요.

기자: 선생님이 친구들한테 논어를 가르치라고 했을 때 기분이 어땠나요?

예범: 처음에는 부끄럽고 용기가 안 났지만 아프신 할아버지가 칭찬해주실 것 같아 잘해야겠다고 생각했어요.

기자: 앞으로의 계획은 뭔가요?

예범: 논어를 더 많이 공부해서 우리 할아버지처럼 서당 훈장이 되고 싶어요.

다른 종류의 독서감상문 살펴보기

 학교에서 인물이나 환경, 과학에 관한 책을 읽고 독서감상문을 써오라고 하면 어떻게 해야 돼요? 저는 그런 숙제가 제일 싫거든요.

 정말 그렇겠다. 대부분의 아이들이 동화책이나 이야기책을 읽었을 때만 독서감상문을 쓰는 줄 알거든. 하지만 정보나 지식을 전해주는 책이라고 해서 특별히 다르지는 않단다. 이런 책은 주로 과학적인 지식이나 새로운 정보를 얻게 해주니까 그런 걸 중심으로 쓰면 되지. 다음 작품들을 읽어보고 어떤 점이 괜찮고 또 어떤 점이 아쉬운지, 그리고 나라면 어떻게 쓸지 생각해보자.

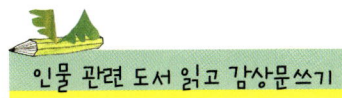

책제목: 고릴라의 수호천사 다이안 포시
지은이: 김정흠 | **출판사**: 뜨인돌
제목: 사람과 동물 모두 평등하다

4학년 차지해

1933년 개봉한 영화 〈킹콩〉 때문에 미국에는 고릴라 공포증이 퍼졌다. 실제로 고릴라는 순하고 착한 동물인데, 사람들은 영화에서 본 고릴라를 기억해 사나운 동물로 알고 마구 잡아서 죽였다. 그래서 고릴라는 지구에서 점점 줄어들게 되었다.

이것을 본 다이안 포시는 고릴라를 연구하고 보호하기 위해 정글로 갔다. 정말 대단하다. 정글에는 코끼리나 사자도 있고 독거미나 독뱀도 많다. 그런 것들이 습격하면 죽을 수도 있다.

사람들은 고릴라를 팔면 돈을 받을 수 있으니까 마음대로 잡아갔다. 사람처럼 가족을 이루고 평화롭게 살아가는 마운틴고릴라가 밀렵꾼들에 의해 죽는 게 너무 불쌍했다. 그리고 사람들이 너무 잔인하다는 생각이 들었다.

내가 이 책을 읽으면서 가장 감명 깊었던 말은 '이 세상에 존재하는 모든 생명체는 똑같은 지위를 갖는다'였다. 그 말은 사람이나 동물이나 모두 평등하다는 뜻이다. 지금부터라도 전 세계 사람들이 고릴라를 보호했으면 좋겠다.

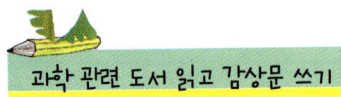
과학 관련 도서 읽고 감상문 쓰기

책제목: 재주 많은 손
지은이: 조은수 | **출판사:** 아이세움
제목: 『재주 많은 손』을 읽고

3학년 강재영

　사람의 손가락은 5개지만 그중에 엄지는 다른 손가락과 멀리 떨어져 있다. 그 이유는 물건을 쉽게 잡게 하기 위해서다. 만약 손가락이 모두 붙어 있다면 병을 딸 때도 손과 발을 모두 이용해야 한다.

　우리 손에 있는 지문은 사람마다 다 다르다. 마치 내 얼굴과 친구의 얼굴이 다른 것처럼. 지문의 종류는 크게 세 가지가 있는데 첫 번째는 달팽이형, 두 번째는 아치형, 세 번째는 말굽형이다. 나는 도장을 찍어 보니 달팽이형과 같았다. 사람마다 지문이 다르므로 범죄가 일어나면 경찰은 지문 감식부터 한다. 그래서 도둑들은 장갑을 끼고 도둑질을 하는 거다.

　우리 손가락 중에서 코딱지를 가장 잘 후빌 수 있는 것은 검지다. 만약 엄지로 파면 콧구멍이 커지고 중지로 파면 코피가 난다. 나는 이 책을 읽고 인간의 손이 얼마나 대단한지 알았다.

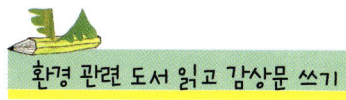
환경 관련 도서 읽고 감상문 쓰기

책제목: 지진과 해일이 왜 일어날까요
지은이: 로지 그린우드 | 출판사: 다섯수레
제목: 지진과 해일이 왜 일어날까요?

3학년 유성규

요즘은 전 세계에서 자연재해가 정말 자주 일어난다. 몇 년 전에는 일본에서 지진과 해일이 일어나서 많은 사람이 죽었고 올해는 중국에 비가 많이 와서 큰 피해가 있었다. 이렇게 자연재해가 점점 더 심해지는 건 엘니뇨 때문이다. 엘니뇨는 바닷물 온도가 높아져서 가뭄이나 홍수, 태풍 같은 기상이변을 일으키는 현상을 말한다.

나는 우리나라에도 지진이나 해일 같은 것이 올까 봐 겁난다. 그러면 사람들은 물속에 잠기고 차나 집도 다 떠내려가서 거지가 될 수도 있다.

나는 그리고 토네이도도 무섭다. 왜냐하면 엄청난 바람이 진공청소기처럼 모든 걸 빨아들이기 때문이다. 사람이나 자동차도 아주 멀리 날려버릴 수 있다.

하지만 조금 좋은 점도 있다. 만약 바다에서 토네이도가 생기면 커다란 상어나 참치 같은 것을 빨아들여서 육지에 뿌릴 수도 있다. 그러면 농부들이 웬일인가 하면서 일도 그만두고 얼른 주워서 요리해 먹을 것이다.

나는 이 책을 읽고 자연재해를 막으려면 환경을 잘 지키고 대비를 철저히 해야 한다는 걸 알았다.

고전 읽고 감상문 쓰기

책제목: 심청전
지은이: 미상
제목: 『심청전』을 읽고

4학년 차지해

이 책은 눈먼 심 봉사를 정성을 다해 돌보던 딸 심청이가 아버지의 눈을 뜨게 해주는 이야기다. 아이를 가지고 싶었던 심 봉사와 곽 씨 부인은 절에 가서 기도하고 좋다는 음식도 찾아 먹은 후 딸을 낳았다. 그 아이가 바로 심청이다. 심청이가 태어나자마자 곽 씨 부인은 별증이 일어나 죽고 만다.

어느덧 심청이는 15살이 되고 앞을 못 보는 아버지를 위해 쌀 300석에 제물로 팔려간다. 왜냐하면 아버지가 스님한테 쌀 300석을 바치겠다고 약속했기 때문이다. 나는 동네에서도 가난하기로 소문난 심 봉사에게 쌀 300석을 바치면 눈을 뜨게 된다고 말한 스님이 이상하다. 차라리 열심히 절에 와서 불

공을 드리든가 절 청소 같은 걸 하라고 했으면 심청이가 죽지는 않아도 됐을 거다.

그리고 아무리 아버지가 눈을 뜬다 해도 물에 빠져 죽는 건 옳지 않다. 죽는 것보다는 아버지와 함께 사는 것이 효도 같다. 딸이 자기 때문에 죽은 걸 알면 아버지는 너무나 슬플 것이다. 만약 내가 심청이라면 스님을 찾아가 공양미를 바칠 돈이 없다고 하고 절을 지을 때 봉사를 하겠다고 말할 것이다.

어제 학교에서 다 같이 영화를 봤는데 선생님이 영화 감상문을 써오래요. 저번에는 컵스카우트에서도 뮤지컬을 보고 나서 감상문을 써서 내라고 했어요. 도대체 독서감상문이랑 다른 점이 뭐예요?

보통 감상문은 우리가 평소 보고 듣고 경험한 것들에 대한 자기 느낌을 글로 정리한 것을 말해. 영화나 연극, 오페라, 뮤지컬, 드라마, 미술작품 등을 보고 나서 쓸 수도 있지.

드라마나 미술작품을 보고도 감상문을 쓴다고요?

그런 것을 볼 때도 나름대로 감동이 있고, 뭔가 깨닫는 게 있잖아. 좋은 감상문을 쓰려면 어떤 것이든 섬세하게 관찰하고 많은 생각을 하는 것이 중요해. 그것의 아름다운 점과 추한 점, 좋은 점과 아쉬운 점을 정리하거나 혹은 객관적으로 냉정하게 비판해보는 것도 나쁘지 않아.

감상문, 이렇게 써봐

- 언제, 어디서, 누구와, 무엇을 감상했는지 씁니다. 팸플릿이나 티켓을 참고해도 좋습니다.

- 영화나 뮤지컬의 내용을 간략하게 소개하고 인상 깊은 장면을 적습니다.

- 등장인물의 성격이나 행동, 연기력에 대한 내 생각을 적습니다.

- 작품의 특징을 소개하고, 이것을 통해 어떤 감동을 받았는지 느낌을 씁니다.

- 이 작품과 관련하여 더 알고 싶은 것이 있으면 적어도 좋습니다.

 다른 친구들은 감상문을 어떻게 쓸까?

 영화 감상문

제목: 〈7번 방의 선물〉을 보고

3학년 원규성

　형과 나는 계속 영화가 보고 싶다고 졸랐다. 그랬더니 엄마가 우리의 소원을 들어주셨다. 우리는 이마트 앞에 있는 메가박스에서 〈7번 방의 선물〉을 보았다. 주인공은 조금 장애가 있는 아저씨다. 그 아저씨는 아무런 잘못이 없는데 살인자 누명을 쓰고 잡혀갔다. 나는 경찰이 조사도 안 하고 살인자라고 막 우기는 게 너무 이상했다. 만약 나라면 조사를 먼저 하라고 고집을 피울 것이다. 감옥에서 불이 났을 때 주인공 아저씨가 경찰 아저씨를 구해줘서 다른 사람보다 더 많이 다쳤다. 그때부터 그 경찰 아저씨도 주인공이 범인이 아니라는 것을 알게 됐다.

　그때 나는 주인공이 곧 풀려날 것이라고 생각했다. 하지만 끝내 사형을 당하고 만다. 왜 아무 조사도 하지 않고 죄 없는 사람을 사형시키는지 모르겠다. 그 사람의 직업이나 살해한 동기 같은 것을 알아보면 죄가 없고 여자애 혼자 죽었다는 걸 알 수 있을 텐데…… 나는 경찰이 너무 어리석다고 느꼈다.

제목: 〈비밥〉을 보고

4학년 박정우

　지난 목요일 학교가 끝난 후 컵스카우트에서 뮤지컬 〈비밥〉을 보러 갔다. 아트센터에 도착하니 그곳은 되게 복잡했다. 왜냐하면 서울이기 때문이다. 사람이 너무 많아 줄을 서서 들어가기도 힘들었다.

　'비밥'의 뜻은 비빔밥이다. 막이 오르자 비트박스 아저씨들이 먼저 나타났다. 그다음 그린 셰프와 레드 셰프가 지원들을 데리고 나와 음식을 만들었는데 되게 맛이 없을 것 같았다. 왜냐하면 진짜 셰프가 아니기 때문이다.

　마지막에는 여자들이 보면 안 되는 장면이 있었다. 남자들이 상의를 벗자 여자들이 비명을 질렀다. 나는 그 모습을 보고 그 남자들이 너무 안됐다고 생각했다. 배우가 아니었으면 그런 부끄러운 모습을 보여주지 않았을 것이다.

　뮤지컬은 연극보다 더 재미있는 것 같다. 음악에 맞추어 노래도 하고 춤도 추기 때문에 1시간 30분이 금방 지나갔다.

제목: 피카소 미술전시회를 다녀와서

3학년 성준수

  미술전시회에 가는 게 방학숙제라서 나는 엄마와 동생과 내 친구 하영이랑 시립미술관에 갔다. 그곳에서는 피카소 그림을 전시하고 있었다.

"피카소 그림이 뭐 저래. 나보다 더 못 그렸다."

  동생 승하가 낄낄거려서 나도 보니 진짜 그림이 이상했다. 동생이랑 나랑 색연필로 막 그린 것 같았다. 그리고 어떤 건 얼굴이 막 겹쳐 있는데 하나는 웃고 있고 또 하나는 울고 있었다. 피카소가 엄청 훌륭한 줄 알았는데 나는 오늘 피카소가 이상하다는 걸 알았다. 소를 그리다가 갑자기 여자 얼굴을 그리고 나무를 그리다가 사람 몸을 두 개나 그렸다. 만약 내가 이런 그림을 그리면 우리 선생님은 장난친다고 혼낼 것이다.

  그러나 나는 오늘 전시회에 가서 한 가지 배운 게 있다. 그건 바로 그림은 자기가 그리고 싶은 대로 맘대로 그려도 된다는 거다. 토끼 귀가 달린 악어를 그릴 수도 있고 얼굴이 컴퓨터 모니터인 원숭이를 그릴 수도 있다. 그러면 언젠가 나도 피카소처럼 전시회를 열 수 있게 될 것이다.

연극 감상문

제목: 〈당신이 주인공〉을 보고

5학년 이채원

　학교에서 체험학습으로 연극을 보러 갔다. 홍대 쪽에 있는 극장이었는데 관객이 100명 정도 들어갈 정도로 작은 곳이었다. 극장이 작으니까 배우를 엄청 가까이서 볼 수 있었고 왠지 아늑하게 느껴졌다.
　이 연극은 짤막한 스토리가 이어지는데 그중에서 '다 마트'라는 코너가 가장 기억에 남는다. '다 마트'는 뭐든 다 있다는 뜻이다. 그런데 뭔가 이상하다. 손님이 500원짜리를 달라고 하니까 주인이 '500원짜리'라고 쓰여 있는 물건을 주면서 "3000원이요" 하고 말한다. 그 말이 너무 웃겼다. 그리고 배우가 세 명인데 한 명은 마트 주인이고 한 명은 손님이고 다른 한 명은 무대 밑에서 관객이 필요하다고 하는 물건을 적어 "여깄어요"하고 주인한테 건네준다. 그러면 주인은 종이가 붙어 있는 상자를 관객에게 준다. 나는 그 상자에 정말로 물건이 들어 있을까 생각했다.
　이 연극의 특별한 점은 관객이 계속해서 무대로 올라가 배우와 함께 연기를 해야 한다는 것이다. 처음에는 어색해서 어쩔 줄 몰라 하던 사람들도 금세 적응해서 연기하는 모습이 정말 재미있었다. 그래서 제목도 '당신이 주인공'이었구나 하는 생각이 들었다. 마지막에 배우가 나와서 "가정에서도 학교에서도 이 공연장 안에서도 더 나아가 대한민국에서도 당신이 주인공입니다."라고 한 말이 기억에 남는다.

 내 친구 엄마가 은행에 다니시는데 생활글을 잘 써내면 은행 잡지에 실어준대요. 근데 생활글이 뭐예요?

 생활글은 생활 속에서 겪은 이야기를 실감 나게 적는 거란다.

 그럼 일기랑 생활글은 뭐가 달라요?

 일기와 생활글은 비슷한 점이 많아. 일기는 그날그날 일어난 일을 적지만 생활글은 날짜에 상관없이 느낌이나 생각을 떠올리면서 적을 수 있지. 학교나 집에서의 일도 좋고 전학 간 친구나 친척 집에 갔던 일, 아니면 슬프거나 기쁜 일 모두 글감이 될 수 있어.

 생활글은 어떻게 하면 잘 쓸 수 있을까요?

 생활글은 생활 속에서 경험한 일들을 자유롭게 쓰는 거니까 한 일이나 보고, 듣고, 느끼고, 생각한 것들을 주제에 맞게 잘 써내려가면 돼. 자유롭게 쓴다고 해서 이 얘기 저 얘기 정신없이 쓰면 안 돼. 글감을 정해놓고 이 글을 쓰는 의미가 드러나도록 하는 게 좋아.

생활글, 이렇게 써 봐

- 글감을 잡습니다. 학교나 집, 마트, 공원 등 생활 가운데서 겪었던 재미있는 사건이나 기억에 남는 일을 골라봅니다.

- 중심생각을 정합니다. 이 글을 통해서 내가 하고 싶은 말이 먼지 잘 나타나게 씁니다.

- 글의 처음과 가운데, 끝을 정합니다. 그래야 글이 왔다 갔다 하거나 같은 내용이 반복되지 않습니다.

- 글은 사건을 중심으로 솔직하게 씁니다. 한 일과 보고, 듣고, 느끼고, 생각한 것이 고루 표현되도록 합니다.

- 다 쓰고 난 후 다시 검토하면서 틀린 글자나 잘못된 문장을 바로잡습니다.

 다른 친구들은 생활글을 어떻게 쓸까?

 내가 겪은 일 ①

제목: 운동회

3학년 김유민

어제는 운동회 날이었다. 아침 8시 50분까지 학교에 가야 했다. 그런데 이상하게 맨날 지각하던 애들이 어제는 일찍 왔다. 운동장에 가서 줄을 맞추어 섰다. 애국가를 부르고 교장 선생님 말씀을 들었다. 빨리 안 끝나서 '이상!'이라는 말만 기다렸는데 교장 선생님이 "이상한 사람은~"이라고 하셔서 고개를 번쩍 들었다.

2학년 무용이 끝나고 우리는 50m 달리기를 했다. 난 1등을 할 수 있었는데 발목이 아파서 3등을 했다. 너무 아쉬웠다. 그 다음 여자 청백 계주를 했는데 청군이 이겨서 좋았다. 하지만 남자 계주에서는 우리가 졌다. 왜냐하면 백군이 계속 라인 안 쪽으로 달렸기 때문이다. 그런데 선생님들은 반칙이 아니라고 하셨다. 어이가 없고 화가 났다. 그래서 이번 운동회는 별로 재미가 없고 덥기만 했다.

제목: 반장 선거

5학년 윤형인

오늘 학교에서 반장 선거를 하였다.

"너 오늘 반장 나갈 거야?"

호중이 말에 난 당연히 나갈 거라고 대답했다. 그랬더니 호중이가 날 우습게 보며 약을 올렸다.

"너 같은 애가 어떻게 반장이 돼? 너보다는 내가 낫지."

'두고 보자.'

나는 종이에 적어 온 반장 연설문을 열심히 외웠다.

조금 지나자 선거가 시작되었고 아이들이 친한 친구를 추천했다. 그때 나랑 친한 우진이가 날 추천했다. 다른 아이들은 반장 연설을 10초 정도밖에 안 했지만 나는 1분 넘게 했다. 실내화 바닥이 닳도록 열심히 하고, 뼈가 두부처럼 물렁물렁해지도록 우리 반을 위해 힘쓰겠다고 나를 팍팍 밀어달라고 했다.

그리고 떨리는 마음으로 기다렸는데 결국 내가 반장이 되었다. 나는 호중이한테 잘난 척을 하고 싶었지만 참았다. 왜냐하면 반장으로 뽑아주면 우리 반을 잘 이끌어가겠다고 말했기 때문이다.

제목: 어제

4학년 김경현

나는 어제 학교 끝나고 친구들이랑 우산을 쓰고 걷고 있었다. 그런데 친구가 자기 우산으로 내 우산을 자꾸 쳐서 결국 내 우산이 망가졌다.

"미안, 우리 집에 가자. 내가 고쳐줄게."

나는 화가 났지만 친구가 고쳐준다고 해서 참았다. 그런데 친구는 고친다면서 더 망가트렸다. 계속 고치던 중 친구가 감기 때문에 병원에 가야 한다고 했다. 그래서 따라갔는데 친구가 주사를 맞고 울어서 자꾸 웃음이 났다. 울음소리가 이상해서 참으려 해도 자꾸 웃음이 나와서 5분 정도 웃었다.

끝나고 집에 갔더니 엄마가 왜 늦게 왔냐고 혼을 냈다. 그래도 우산을 어쨌느냐고 안 물어봐서 다행이다.

제목: 내 친구 준명이

4학년 문병기

내가 준명이를 언제부터 알고 있었는지는 기억이 안 난다.

2학년 때부터 같은 반이었는데 준명이는 순진하고 겁도 많다. 한 번은 누나들이랑 귀신 놀이를 했는데 미션을 수행할 때 무섭다면서 내 옆에 꼭 붙어 있었다.

준명이는 공부는 좀 잘하는 정도지만 운동은 아주 잘한다. 야구경기를 할 때는 던지고 치고 받는 것을 다 잘하고, 축구 경기를 할 때는 공격과 수비 모두 다 잘하지만 특히 골키퍼를 잘한다. 준명이가 공을 몰고 달리면 꽤 그럴듯해 보인다. 한 가지 아쉬운 점이라면 너무 다 잘해서 무결점이라는 거다. 장난으로 싸울 때도 어찌나 말발이 센지 이길 수가 없다. 남자는 말할 때 뇌를 한쪽만 쓰고 여자는 두 쪽을 쓴다고 하는데 준명이는 뇌를 세 쪽을 쓰는 것 같다.

지금 준명이는 뇌수막염으로 병원에 입원 중이다. 아마도 너무 과격하게 운동을 하고 뇌를 많이 써서 그런 것 같다. 내 친구 준명이가 빨리 퇴원하면 좋겠다.

 ## 글을 쓸 때 꼭 기억할 것들!

　글을 쓰다 보면 계속 비슷한 문장을 쓰게 되는 경우가 많다. 이는 자기가 자주 사용하는 말 위주로 글에도 그대로 표현이 되기 때문이다. 그런데 책을 많이 읽은 친구들은 책에서 나온 문장을 잘 활용해 다양한 문장을 쓸 수 있다.

　하지만 어디선가 읽은 것 같은 문장도 내가 쓰는 글에 활용하는 것은 쉬운 일이 아니다. 그럴 때는 자주 쓰는 표현을 익혀두는 것이 좋다. 다음 주의사항을 잘 읽어보고 내 생각이 글에 더욱 잘 표현되도록 활용해보자.

1. 문장의 짝 맞추기

• '왜냐하면'의 짝은 '~ 때문이다'
  예) 나는 화가 나서 눈을 뭉쳐 찬수에게 집어던졌다. 왜냐하면 찬수가 먼저 내 옷 속에 눈을 넣었기 때문이다.

• '만약 ~하면'의 짝은 '~할 것이다'
  예) 만약 이번 시험에서 100점을 받으면 스마트폰을 얻게 될 것이다.

2. 같은 말은 겹쳐 쓰지 않기

좋지 않은 예) 달팽이가 주로 먹는 것은 상추 같은 채소와 달걀 껍데기를 먹는데 만약 달걀 껍데기를 챙겨주지 않으면 칼슘이 부족해 자기 껍데기인 집을 먹어서 껍데기가 반들반들하지 않게 되어 쉽게 죽는다.

※ '먹는다'는 말과 '껍데기'라는 단어가 여러 번 나오고 있다. 이럴 때는 꼭 필요한 말만 남기고 그렇지 않은 것은 빼버리는 것이 복잡하지 않고 훨씬 자연스럽다.

⋯▶ 달팽이가 주로 먹는 것은 상추 같은 채소와 달걀 껍데기인

데 만약 그런 걸 챙겨주지 않으면 칼슘이 부족해 자기 집을 먹을 수도 있다. 그럼 달팽이 껍질이 반들반들하지 않아 쉽게 죽는다.

3. 주어와 서술어를 정확하게

좋지 않은 예) 선생님은 지난 체육 시간에 우리가 평균대를 하면서 장난을 쳐서 엄청 혼났다.

> ※ 이 문장의 주어는 '선생님'인데 서술어는 '우리'가 주어인 것처럼 되어 있다.

예1) '선생님'이 주어인 경우 ⋯▶ 지난 체육 시간에 우리가 평균대를 하면서 장난을 치자 선생님께서 엄청 혼을 내셨다.

예2) '우리'가 주어인 경우 ⋯▶ 우리는 지난 체육 시간에 평균대를 하면서 장난을 쳐서 선생님께 엄청 혼났다.

4. 알맞은 접속사 사용

좋지 않은 예) 오늘 학교에서 물로켓을 만들었는데 가위로 자르는 게 많아 힘을 줘야 했다. 그런데 내 친구가 도와준다면서 뚝 잘라놔서 못쓰게 됐다. 크게 만들 수 있었는데 작게 되어서 속상했다. 그리고 선생님께서 물로켓 만든 사람만 밖으로 나가라고 하셨다. 그래서 뒷정리를 하고 빨리 밖으로 나갔다. 그런데 밖으로 나가 보니 물로켓을 제일 많이 만든 반이 우리 반이었다. 그래서 줄을 서서 계속 기다렸다. 그런데 내 차례가 왔을 때 문제가 생겨서 탈락했다.

※ 언뜻 보아도 접속사(이어주는 말)가 너무 많다. 간혹 문장마다 연결어를 쓰는 친구들이 있는데, 연결어 몇 개가 없어져도 글의 흐름에는 전혀 문제가 되지 않는다. 오히려 더 간결하고 속도감 있게 읽힐 수 있으니 접속사는 적당히 쓰는 것이 좋다.

⋯▶ 오늘 학교에서 물로켓을 만들었는데 가위로 자르는 게 많아 힘을 줘야 했다. 그런데 내 친구가 도와준다면서 뚝 잘라 놔서 못쓰게 됐다. 크게 만들 수 있었는데 작게 되어서 속상했다. 선생님께서 물로켓 만든 사람만 밖으로 나가라고 하셔서 뒷정리를 하고 빨리 밖으로 나갔다. 밖으로 나가 보니 물로켓을 제일 많이 만든 반이 우리 반이었다. 그래서 줄을 서서 계속 기다렸다. 하지만 내 차례가 왔을 때 문제가 생겨서 탈락했다.

4
일기, 맨날 써야 해?

 일기는 왜 써야 하는 거예요? 선생님이 일주일에 세 번씩 안 써오면 청소시킨대요.

 그러게. 나도 학교 다닐 때는 일기 쓰는 게 제일 귀찮고 싫었지. 그런데 지금 읽어보면 그때 그런 일도 있었구나, 내가 그런 생각을 했구나 하며 추억도 떠오르고 재미있더라고. 일기를 쓰면 이렇게 자기 삶을 기록할 수 있어서 좋고 생활을 돌아볼 수 있어 유익하지.

 그럼 일기는 어떻게 써야 해요? 나는 서너 줄 쓰면 더는 할 말이 없어요.

 일기는 앞에서 설명한 생활글과 비슷하단다. 생활글은 오래전 있었던 일이나 앞으로 생길 일에 대해 쓸 수 있지만 일기는 주로 그날 있었던 일을 쓰지. 날짜와 요일, 날씨 그리고 그날 있었던 이런저런 일을 돌아보며 잘한 일, 아쉬웠던 일, 내일의 계획…… 뭐 그런 것들을 쓰면 되는 거야. 글감에 따라 제목을 정하면 쓰기가 한결 쉬워질 거야.

 한 일이 별로 없는데 어떻게 일기를 써요? 매일 일어

나서 밥 먹고, 씻고, 학교 가고, 학원 가고, 텔레비전 보다가 밥 먹고 잤다고만 쓸 수는 없잖아요.

 내가 일기를 좀 더 재미있게 쓰는 법을 알려줄게. 날마다 생활일기만 쓰는 것보다는 그림일기, 독서일기, 관찰일기, 주장일기, 신문일기 등 다양한 방식을 활용하면 훨씬 재미있고 새로운 글을 써볼 수 있단다.

 와, 그런 일기도 있어요? 어떻게 쓰면 되는지 가르쳐 주세요.

일기, 이렇게 써봐

📓 날짜와 요일, 날씨를 씁니다.

📓 하루 동안 겪은 일 중에서 기억에 남는 일이나 생각을 씁니다. 동생과 자전거 탄 일, 친구랑 다툰 일, 아파서 병원에 갔던 일 등 오늘 있었던 일을 머릿속으로 그려봅니다.

📓 다른 사람이 볼 것을 생각해 거짓으로 꾸미지 말고 솔직한 마음을 표현하는 게 좋습니다.

📓 매일 똑같은 일상이 반복되어 별다른 글감이 떠오르지 않을 때는 독서일기, 관찰일기, 주장일기, 신문일기, 감상일기 등을 써봅시다.

 다른 친구들은 일기를 어떻게 쓸까?

 독서일기

7월 29일 일요일 **날씨**: 장대비가 쏟아졌다
제목: 『길모퉁이 행운돼지』를 읽고

3학년 김은수

어느 날 사거리에 길모퉁이 행운돼지라는 가게가 생겼다. 사람들은 공짜로 행운을 준다는 말에 그곳으로 달려갔다. 그래서 주인공이 엄마는 뭐든 두 개가 되어 나오는 항아리를 얻어 왔고, 고래고래 아저씨는 신기한 다리미를, 머리해 아줌마는 신기한 가위를, 야물차 아줌마는 냄비를 받았다. 그 소식을 들은 사람들은 구름떼처럼 행운돼지 가게로 모여들었다.

아마 나였어도 가서 신기한 물건을 달라고 했을 것이다. 이 세상에 공짜로 엄청난 돈을 버는 걸 싫어할 사람은 없다.

그러나 신기한 물건에만 정신이 팔려 있던 사람들은 하나둘씩 돼지로 변해갔다. 다시 사람이 되려면 그 신기한 물건을 자기가 직접 부숴야만 했다. 나는 공짜로 얻는 건 모두 언젠가 대가를 치러야 한다는 걸 알게 되었다. 그리고 과한 욕심을 부리면 안 된다고 생각했다.

8월 6일 수요일 날씨: 바람이 많이 불었다
제목: 호랑거미

4학년 유연희

친구들과 백봉산에 갔다가 호랑거미를 보았다. 호랑거미의 몸집은 내 엄지손톱만 하고 호랑이처럼 줄무늬가 있다. 호랑거미는 나무에 거미줄을 치고 사는 조망성 거미의 한 종류인데 몸은 머리와 배, 두 부분으로 나뉜다. 그리고 머리에 눈이 여러 개가 있고 다리는 여덟 개나 된다.

"거미는 곤충이게 아니게?"

용국이가 묻자 친구들은 모두 곤충이라고 했다. 하지만 난 곤충이 아니라고 대답했다. 왜냐하면 전에 과학 잡지에서 곤충은 몸이 머리, 가슴, 배로 나뉘고 다리가 세 쌍이라고 나와 있는 걸 봤기 때문이다.

나는 친구들한테 거미는 먹이를 씹어먹지 않고 소화액을 주입한 다음 몸이 흐물흐물해지면 즙을 빨아먹는다고 말해줬다. 그랬더니 애들이 나보고 거미 박사라고 해서 기분이 좋았다.

9월 5일 월요일   **날씨:** 하늘이 바다처럼 푸른 날
제목: 욕을 하지 말자

3학년 김은수

요즘 우리 반 애들은 아무 때나 욕을 한다. 선생님 눈을 피해 놀 때, 짜증 날 때 엄청 많이 한다. 오늘도 상운이가 자기가 던진 공을 못 받았다고 나한테 욕을 했다. 하지만 선생님은 아이들이 욕하는 걸 잘 모른다. 왜냐하면 아이들은 선생님이 없는 곳에서만 욕을 하기 때문이다.

아이들이 이렇게 욕을 하는 이유는 뭘까? 그건 어른들이 많이 하기 때문이다. 영화에서 보면 욕이 엄청 많이 나오고 어른들이 싸울 때도 욕을 많이 쓴다. 그러니까 애들은 욕이 멋진 줄 알고 따라 하는 것이다.

그래서 나는 어른들이 먼저 욕을 하면 안 된다고 생각한다. 그러면 아이들도 욕을 못 배우니까 점점 안 하게 될 것이다.

10월 20일 수요일　날씨: 구름 약간 있는 날
제목: 길고양이 급식소 -어린이 신문-

　　　　　　　　　　　　　　　　5학년 오혜림

• 기사요약

　주인 없는 개나 고양이에게도 최소한의 생명권은 보장해주어야 한다는 생각에 길고양이 급식소가 마련되었다. 길고양이들을 돌보는 캣맘들이 숨어서 몰래 밥을 주곤 했는데 이제는 당당하게 밥을 줄 수 있게 되었다.

• 내 생각

　나는 길고양이 급식소가 생기는 것에 찬성한다. 왜냐하면 길고양이 급식소가 생기면 고양이가 더는 굶주리지 않아도 되기 때문이다. 고양이들도 이 세상에서 행복하게 살 권리가 있다. 그런데 사람들은 고양이가 쓰레기봉투를 찢고 시끄럽게 울어댄다고 미워한다. 도시에는 논이나 밭, 숲 같은 곳이 별로 없으므로 고양이들이 쥐를 잡아먹을 수 없다. 그러므로 사람이 먹이를 주고 돌보아주어야 한다.

9월 24일 목요일 **날씨:** 구름 한 점 없이 맑은 날
제목: '페르난도 보테로'의 그림을 보고

6학년 강현우

　엄마랑 예술의전당 2층에 있는 한가람 미술관에 다녀왔다. 이번 전시 작품은 '페르난도 보테로'라는 화가의 그림이다. 들어가자마자 가이드가 서 있다가 작품을 설명해주었다. 어른들과 청소년은 물론 초등학생들도 많았다.

　페르난도 보테로는 콜롬비아에서 태어난 스페인 사람이다. 난 그림을 보자마자 '어, 왜 이렇게 뚱뚱하지?' 하고 생각했다. 스페인 여왕의 그림을 원본과 같이 보여주었는데 보테로는 원본과 다르게 뚱뚱하게 그렸다. 모나리자도 뚱뚱하니까 마음씨가 더 좋고 푸근한 것 같고, 신부나 수녀도 뭐든 다 받아줄 것처럼 넉넉해 보였다. 화가는 자신의 그림은 패러디도 아니고, 뚱뚱한 게 아니라 빈 곳을 채우다 보니 이렇게 된 거라고 했다.

　보테로의 그림은 우스꽝스럽고 재미있어서 이해하기가 쉬웠다. 하지만 고흐, 벨라스케스, 레오나르도 다빈치 같은 화가들이 그린 그림을 자기 마음대로 바꿔서 그려도 되는 건지 모르겠다. 한번 찾아봐야겠다.

5월 18일 목요일 **날씨:** 바람이 따뜻하게 불었다
제목: 여자애들의 두 얼굴

4학년 유성규

　우리 반 여자애들은 두 얼굴을 가지고 있다. 왜냐하면 학교에서는 거칠고 폭력적인데 학원만 오면 얌전해지기 때문이다. 나는 그것이 궁금하다. 왜 여자애들은 그렇게 두 얼굴인지.

　또 무서운 애들은 따로 있다. 은지는 주먹으로 때리고 선영이는 양 손바닥으로 때리고 채린이는 모든 것을 사용해서 때린다. 선생님이 없을 때 주로 때리고 복도에 나와 때리는 경우도 있다. 어떤 애는 안경을 벗으면 얼굴이 이상한데 학교에서 막 안경을 벗으면서 장난치고 학원에 가서는 조용히 있다. 나는 이런 애들이 나중에 조폭이 되는 것 같다. 우리 반 여자애들이 순하게 바뀔 수는 없을까.

8월 9일 화요일   날씨: 구름이 많고 흐림
제목: 악몽

5학년 윤희준

　얼마 전 장염에 걸려 입원한 적이 있다. 주사도 별로 안 아프고 게임도 계속하고 기분이 좋았다. 그런데 그날 밤 이상한 꿈을 꾸었다. 게임 캐릭터가 나타나 "나 예쁘지?"라고 하는 것이다. 난 그냥 "아니 못 생겼어." 하고 버튼을 눌렀다. 근데 그 캐릭터가 "니 오늘 너희 집에 간다."라고 말했다. 나는 무서워서 아빠한테 갔는데 아빠가 바쁘다면서 저리 가라고 했다. 그때 초인종이 울렸다. 누군지 보러 갔더니 바로 그 캐릭터였다. 그 캐릭터는 날 보면서 "난 예쁘지 않아~, 난 예쁘지 않아~, 난 예쁘지 않아~"를 반복했다. 문을 닫고 텔레비전을 켰는데도 그 캐릭터가 나왔고 컴퓨터에도 전자레인지에도 그 캐릭터가 있었다. 너무 무서워서 비명을 지르는데 엄마가 왜 그러냐고 해서 잠에서 깼다.

　진짜 그 캐릭터가 집까지 오면 어떡하지? 내가 너무 게임을 많이 해서 그런가? 이제 그런 꿈을 꾸지 않았으면 좋겠다. 아직도 그 캐릭터 얼굴이 생생하다.

11월 18일 목요일 날씨: 바람이 세게 불었다
제목: 동생 자전거

4학년 오준기

　내 동생은 한 달 전부터 자전거를 사달라고 졸랐다. 엄마는 7월이 되면 사준다고 하셨고, 동생은 "그럼 7월에 꼭 사줘."라고 말했다.
　갑자기 오늘 아침에 아빠가 동생 자전거를 사주겠다고 하셨다. 동생은 신이 나서 학교 끝나자마자 집으로 달려왔다. 나는 아빠랑 동생이랑 같이 진주아파트에 있는 자전거 가게로 갔다.
　자전거 가게 아저씨는 키가 170cm쯤 되셨고 얼굴은 얌체처럼 생겼는데 물건값도 깎아주지 않았다. 할 수 없이 그냥 비싸게 주고 샀다.
　아빠가 자전거 자물쇠라도 하나 달라고 말했더니 아저씨는 그것마저 돈주고 사라고 했다. 나는 그 아저씨가 쪼잔하고 치사한 것 같았다. 만약 내가 주인이라면 자전거 고리뿐만 아니라 자전거값도 서비스로 깎아줄 것이다. 아빠는 집으로 오면서 "자전거 고리쯤은 그냥 주어야 하는 거 아니야?"라고 말씀하셨다. 나는 이제부터 절대 그 가게에는 가지 말아야겠다고 생각했다.

12월 15일 토요일 날씨: 해님도 꽁꽁

제목: 스마트폰

4학년 김경현

　스마트폰을 샀다. 이름은 '갤럭시 노트5'이다. 겉모양도 크고 성능도 좋았다. 나는 두 달 전부터 계속 졸랐다. 아빠는 사 주겠다고 하셨는데 엄마가 계속 안 된다고 하셨다. 그래도 계속 졸라서 드디어 생긴 것이다.

　휴대폰 가게에서 케이스를 주었다면 더 멋졌을 텐데 물건이 떨어졌다고 다음 주 금요일에 오라고 했다. 우리 가족은 그 가게 단골이어서 사은품으로 내 스마트폰에 최신곡을 가득가득 넣어주었다. 큰누나는 나보다 더 빨리 '갤럭시 노트6'로 바꾸었다. 나도 크면 부모님이 최신 스마트폰을 사주면 좋겠다.

　아, 이 스마트폰으로 모든 걸 다시 시작해야겠다. 새 스마트폰은 기능이 많아서 진짜 재미있을 것 같다. 특히, 나는 게임을 좋아하고 음악도 많이 듣는다. 내일 친구들이 부러워할 걸 생각하니 너무 좋아서 잠도 못 잘 것 같다.

5. 편지글 쓰는 법

 선생님이 어버이날이라고 부모님께 드릴 감사편지를 써오래요. 요즘은 전화도 있고 카카오톡이나 문자 메시지를 하면 되는데 편지를 왜 써요?

 윤태 말도 맞는데 손편지로 쓰면 더욱 진심 어린 마음을 전할 수 있잖아. 대부분 글은 읽을 사람이 정해져 있지 않지만 편지는 특정한 대상을 생각하고 쓰기 때문에 받는 사람한테는 특별하거든.

 그런데 편지면 그냥 편지지, 감사편지는 뭐예요?

 편지는 받는 이가 누구냐, 그리고 할 말에 따라 여러 가지로 나눌 수가 있단다. 보통 아이들이 방학 때 선생님이나 할아버지 할머니께 쓰는 편지는 안부편지고, 국군 아저씨나 힘든 일을 하는 사람에게 쓰는 건 위문편지라고 하지. 부모님이나 선생님께 감사의 마음을 담으면 그건 감사편지고. 초대편지랑 사과편지도 있는데 그건 뭘까? 네가 말해볼래?

 초대편지는 생일파티나 축제 같은 데 오라고 보내는 편지일 테고, 사과편지는 친구랑 싸웠거나 누구한테

잘못한 일이 있을 때 보내는 편지겠죠.

역시 내 조카는 똑똑하다니까. 윤태야, 편지지에 직접 쓴 축하편지나 감사편지, 사과의 글을 받는다면 기분이 남다르지 않겠어?

그렇긴 해요. 저번에 원준이는 내가 쪽지에 편지를 두 줄 써줬는데도 엄청 감동하고 좋아했어요. 손으로 직접 써준 편지랑 휴대폰으로 보내는 메시지랑은 느낌이 많이 다를 것 같아요. 그런데 편지도 쓰는 방법이 따로 있어요?

그럼, 하지만 전혀 어렵지 않아. 삼촌이 예로 보여준 걸 참고해서 받는 사람이 누구인지, 하고 싶은 말은 뭔지에 따라 쓰면 돼.

알겠어요. 잘 배웠다가 국군의 날 군인 아저씨한테 위문편지 써서 보낼게요.

편지글, 이렇게 써봐

🐢 편지를 받는 사람이 누군지 씁니다.

🐢 편지를 받는 사람에게 인사를 합니다. 계절과 관련된 인사도 좋고 건강이 어떤지 안부를 물어도 좋습니다.

🐢 편지를 통해 하고 싶은 말을 명확하게 씁니다. 만나자거나 초대하는 편지라면 정확한 날짜와 시간, 장소를 적어야 할 것입니다.

🐢 끝인사를 하고 편지 쓴 날짜와 쓴 사람을 적습니다.

 그럼 한번 따라서 써볼까?

할머니께 ·· 받을 사람

그동안 안녕하셨어요?
편찮으신 데는 없는지요. ························ 첫인사

지난번에 갔을 때 만들어주신 단팥죽이
정말 맛있었어요.
다음에도 가면 꼭 단팥죽 끓여주세요.
그리고 다음 주에 아빠 엄마가 할머니 댁으로 ········ 할 말
김장하러 갈 거래요.
힘드시니까 혼자 배추 뽑지 마시고
저희가 갈 때까지 그냥 놔두세요.
그럼 안녕히 계세요. ···························· 끝인사

5월 4일 목요일 ································ 쓴 날짜
귀여운 손자 윤태 올림 ························ 쓴 사람

🌈 다른 친구들은 편지글을 어떻게 쓸까?

이정희 선생님께

4학년 임태원

선생님, 안녕하세요?

저는 선생님의 제자 태원이에요. 요즘 하늘에 구멍이 뚫린 것처럼 비가 많이 왔는데 선생님은 괜찮으세요?

1학기 때는 장난을 많이 쳐서 죄송해요. 2학기 때는 좀 더 얌전하게 공부만 열심히 할게요. 그런데 그게 제 생각대로 될지는 잘 모르겠어요. 친구들이 옆에서 장난을 걸면 저도 모르게 몸이 움직이니까요.

저는 얼마 전에 충청도에 사시는 외할머니 댁에 다녀왔어요. 외할머니 동네 계곡에 갔는데 물이 차갑고 바람도 시원했어요. 그래서 우리는 수영도 하고 다슬기랑 물고기를 잡으면서 재미있게 놀았어요.

저는 이번 여름 방학 때 영화를 많이 보고 싶었는데 그러지 못해서 아쉬웠어요. 아빠는 맨날 피곤하다고 하시고 엄마는 교회 때문에 바빠서 못 가신대요. 그래서 방학숙제만 많이 했어요. 독서록과 일기도 쓰고 독서신문도 만들었어요. 이제 개학이 1주일밖에 안 남았네요.

선생님, 2학기 때는 체육 시간이 많아졌으면 좋겠어요. 제발 부탁이에요. 2학기에는 더욱 알차게 보내겠습니다. 개학 날 만나요.

8월 22일
임태원 올림

엄마 아빠께
                                       5학년 혜은

엄마 아빠, 저 혜은이에요. 내일이 어버이날이라서 이렇게 감사편지를 쓰게 됐어요. 오빠와 저를 늘 사랑해주시고 돌봐주셔서 감사해요.

그런데 저랑 오빠는 맨날 학습지도 안 하고 책도 안 읽고 게임만 해서 죄송해요. 그리고 생일선물로 전기장판 사줬다고 화낸 것도 미안해요. 저는 라푼젤 인형이 갖고 싶었는데 엄마가 전기장판을 사와서 짜증 났어요. 하지만 전기장판을 깔고 자니까 밤에 춥지도 않고 감기도 안 걸려서 괜찮다고 생각했어요.

엄마 아빠, 이제부터는 진짜 착한 딸이 될게요. 핸드폰도 조금만 하고 학습지도 숨기지 않고 오빠랑 싸우지도 않을게요. 그리고 여기 효도 상품권 맘대로 쓰세요. 어깨 주물러 드리기, 청소하기, 설거지하기, 강아지 똥 치우기도 다 할게요. 엄마 아빠 사랑해요~

5월 7일
귀여운 딸 혜은 올림

국군 아저씨께

4학년 나현욱

안녕하세요? 국군 아저씨, 저는 신촌초등학교에 다니는 나현욱이에요. 이번 여름에 비가 많이 와서 정말 고생이 많으셨지요. 홍수가 나서 집도 떠내려가고 차도 물에 잠기고 그랬잖아요. 전에는 이런 사람들을 누가 돕는지 몰랐는데 뉴스를 보고 알게 되었어요. 집도 고치고 쓰러진 비닐하우스를 세우면서 돕는 모습을 보니 정말 존경스럽고 나도 나중에 저런 군인이 되어야지 하는 생각이 들었어요.

군대는 육군, 공군, 해군 이렇게 세 가지가 있죠? 저는 나중에 해군에 갈 거예요. 왜냐하면 해군이 되어 천안함 사건을 극

복하고 우리나라를 지키고 싶기 때문이에요. 북한이 절대 쳐들어오지 못하게 우리의 바다를 튼튼히 지킬 거예요.

우리 도덕, 체육 전담 선생님께서도 군대에 가셨어요. 어디로 갔는지는 잘 모르지만 지금쯤 땀을 뻘뻘 흘리며 열심히 훈련받고 계시겠지요. 지금도 그 선생님이 보고 싶어요.

우리나라를 안전하게 지켜주시고 고생하시는 국군 아저씨들 정말 감사해요. 저도 아저씨들의 고생이 헛되지 않게 열심히 공부하겠습니다. 안녕히 계세요.

9월 1일 목요일
나현욱 드림

보고 싶은 아름이에게
4학년 채현주

안녕, 우리가 헤어진 지도 벌써 3개월이 다 되어간다. 나는 이곳 필리핀 마닐라 학교에서 적응 잘하고 공부도 잘하고 있어. 여기 학교는 공부도 열심히 하지만 수영이나 밴드, 암벽등반 같은 취미활동도 많이 해서 좋아.

그리고 한 가지 더 좋은 건 한국에 있을 때는 내 피부색이 조금 진하다고 '다코야키'라고 놀림을 받았는데 여기서는 그렇지 않다는 거야. 여기 친구들은 피부색이 나랑 거의 비슷하거나 더 진하거든.

  아름아,

  너한테 한 가지 사과할 게 있어. 체육대회 때 네가 우리 반 계주로 나가겠다고 손들었는데 달리기도 못하면서 왜 나가냐고 성민이하고 흉봤거든. 그때는 괜히 계주에 나가 꼴찌를 하는 너를 이해할 수 없었는데 지금 생각해보면 못하더라도 도전하려는 자세가 정말 멋있는 것 같아. 겨울방학 때는 다시 한국에 갈 거야. 그때 우리 못다 한 얘기도 하고 스키장에 가서 재미있게 놀자.

9월 4일
사랑하는 친구 현주가

 삼촌, 단기방학이라고 내 친구들은 전부 여행 가는데 우리는 아무 데도 안 가요?

 그러게, 나도 바다가 보고 싶은데…… 네가 아빠 엄마한테 한번 졸라 봐. 아, 이러면 되겠다. 학교에서 여행 글 써오랬다고!

 맞아요. 학교에서 써오랬다고 하면 갈지도 몰라요.

 여행 얘기가 나왔으니 오늘은 여행글 쓰는 법을 배워 볼까? 그래야 여행 갔다 와서 아빠 엄마한테 보여드릴 거 아니냐.

 근데 여행글이라는 게 따로 있어요?

 기행문이라고도 하는데 여행 중에 보고, 듣고, 느끼고, 체험한 것을 정리해서 쓰는 거야.

 뭐, 일기나 생활글이랑 거의 비슷하네요.

 맞아. 그런데 여행은 한 곳에 가만히 있는 게 아니고

여기저기 옮겨 다니잖아. 그러니까 처음 간 곳에서 뭘 보고, 듣고, 느꼈는지, 두 번째 간 곳에서는 뭘 보고 무슨 생각을 했는지, 내가 사는 곳과는 어떻게 다른지…… 그런 걸 여정에 맞춰 쓰면 돼.

여행글, 이렇게 써봐

- 언제, 누구와, 어디로 여행을 가는지 씁니다.

- 무슨 교통수단을 타고 어떤 과정을 거쳐서 갔는지 적습니다.

- 처음 들른 곳에서 뭘 보고 느꼈는지, 다음 들른 곳에서는 무슨 얘기를 듣고 어떤 생각을 했는지 시간 순서대로 씁니다.

- 마지막으로 돌아오면서 이번 여행에서 알게 된 것이나 느낀 것을 정리합니다.

 그럼 한번 따라서 써볼까?

때	2016년 5월 6~8일 수~금요일
여행한 곳	경주
여행가기 전	정말 오랫동안 기다렸던 수학여행이다. 나는 며칠 전부터 내가 직접 빨래를 해 수학여행 때 입고 갈 옷을 챙겼다.
가는 길	수요일 아침 7시 40분에 운동장에 모여 버스를 타고 경주로 출발했다. 버스 안에서 친구들과 끝말잇기, 딸기 게임 등 재미있는 놀이를 했다. 중간에 휴게소에 들러 호두과자를 사 먹었는데 고소하고 달콤했다. 1년 만에 먹는 거라서 정말 맛있었다.
목적지에 도착하여	경주 숙소에 도착해 점심을 먹고 밀레니엄 파크에 갔다. 그곳에서 만파식적, 석빙고, 드라마 촬영지 등을 둘러보고 왔다. 그런데 석빙고가 좀 실망스러웠다. 왜냐하면 석빙고가 넓고 차가울 줄 알았는데 좁고 하나도 차갑지 않았기 때문이다. 둘째 날은 문무대왕릉, 불국사, 석굴암 등에 가서 다리가 부러질 것같이 아팠다. 한 번에 너무나 많이 걸어서 그렇다. 밤에는 애들이 열심히 준비한 장기자랑을 했다. 그중에서 4반 동물농장 팀이 제일 잘한 것 같았다. 내가 빠빠빠 노래를 좋아하기 때문이다. 셋째 날은 아침을 먹자마자 포스코를 갔다. 포스코에서 우리 아빠 차와 같은 아반떼를 만든다기에 더 열심히 보고 설명도 집중해서 들었다.
돌아오며	숙소로 돌아와 점심을 먹고 짐을 챙겨 집으로 돌아오는 버스에 올랐다. 처음으로 다녀온 수학여행이라 정말 떨렸고 행복했다. 나는 버스에서 여행하는 동안 있었던 일을 생각하다 잠이 들었다.

 다른 친구들은 여행글을 어떻게 쓸까?

제목: 전라도 영광 두우리를 다녀와서

3학년 김승우

나는 한글날 연휴 때 엄마랑 형, 그리고 이종사촌 형들과 친할머니 댁에 다녀왔다. 금요일 아침 7시에 고속버스 타는 곳에서 삼각 김밥을 먹고 버스에 올랐다. 그때까지만 해도 행복하고 설렜다. 그러나 고속버스를 타고 다섯 시간 동안 가야 해서 너무 힘들었다. 그리고 휴게소에서 델리만쥬를 먹고 싶었는데 핫바만 먹어서 아쉬웠다.

영광에서 내려 다시 두우리로 들어가는 버스를 타고 할머니 댁으로 갔다. 도착하니 할머니께서 엄청 반가워하셨다. 우리는 인사를 드린 후 밥을 먹고 곧장 바다로 갔다. 바다에서 비린내와 소금 냄새가 났다.

형들이 바위 옆 물속에 새우를 미끼로 통발을 놓았다. 그리고 내가 게를 잡는데 게가 손을 물어서 그놈을 기절시켜서 통에 넣어버렸다. 몸통은 작은데 집게발이 커서 엄청 아팠다.

그리고 또 어처구니없는 일을 당했다. 갈매기가 날아오더니 우리한테 먹다 남은 물고기를 던지고 갔다. 하늘에서 물고기가 떨어져서 깜짝 놀랐다. 한참 후에 통발을 봤는데 게, 망둥

이, 숭어 등이 있어서 기분이 좋았다.

할머니 집으로 돌아와 저녁을 먹고 게임을 하는데 알레르기 때문에 코가 막히고 눈도 아프고 몸이 가려워서 약을 먹고 잤다. 다음 날도 우리는 온종일 바다에서 물고기와 게를 잡으면서 놀았다.

이번 여행은 아빠가 같이 가시지 못해서 아쉬웠다. 그리고 재미는 있었지만 영광이 너무 멀고 버스를 타서 불편했다. 다음에는 꼭 아빠 차를 타고 가면 좋을 것 같다.

제목: 제주도에서의 추억

3학년 연보라

우리 가족은 지난주 화요일에 제주도에 갔다. 비행기를 처음 타니 긴장되고 떨렸다. 처음에는 느리게 가다가 점점 빨라지더니 높이 올라갔다. 계속 올라가다 보니 하얀색 구름이 보였다. 그때 기분은 조금 무서웠지만 구름 속에 있는 것 같아 재미있었다.

제주공항에 도착했는데 비가 많이 쏟아졌다. 우리는 짐을 챙기고 렌터카를 빌리고 트릭아트 뮤지엄에 갔다. 가면서 그림을 보니 액자가 진짜처럼 보였다. 내가 좋아하는 불사조도 있었다. 불사조는 천사처럼 날개가 있어 멋있다. 우리는 그곳에서 사진을 많이 찍었다.

그런데 동생이 카메라를 잃어버려서 엄마한테 꿀밤을 맞았다. 엄마는 방금 갔던 가게로 돌아가 물어보셨는데 어떤 사람이 맡겨줘서 겨우 찾을 수 있었다. 다행이었다.

제주도에서 먹은 것은 흑돼지였다. 우리 동네에서 먹는 것보다 훨씬 맛있었다. 그리고 내가 경험한 것 중 가장 재미있었던 것은 카트였다. 아빠가 바퀴를 움직이고 운전은 나와 아빠가 같이했다. 이번 여행은 새로운 경험도 많이 해보고 재밌는 놀이도 많이 해서 너무 행복했다.

제목: 태국 파타야에 다녀와서

4학년 김규민

7월 23일 태국을 가기 위해 공항버스를 타고 인천공항에 갔다. 방학이 아니라 사람들이 별로 없어서 좋았다. 비행기 시간을 기다리면서 내 동생은 포켓몬스터 도감을 샀고 나는 만화책을 사서 보았다. 엄마는 지갑을 사고 아빠는 태국을 가니

'태국'이라는 책을 샀다.

  한참 후, 우리 가족은 아시아나 항공을 타고 태국의 수도 방콕에 도착했다. 비행기에서 내리자마자 뭔가 습하고 더운 공기가 확 느껴졌다. 밤에 도착해 우선 방콕 호텔에서 자고 다음 날 파타야로 가기로 했다.

  다음 날 파타야에 가기 전 왕국과 에메랄드 사원에 갔다. 태국은 불교를 믿어서 에메랄드빛 불상이 있다고 했다. 태국 불상은 우리나라 불상보다 눈이 크고 머리가 더 뾰족했다.

  점심에는 배에서 밥을 먹고 파타야로 가서 티파니쇼를 봤다. 원래 남자로 태어났는데 성전환수술로 여자가 된 사람들이 나와서 쇼를 하는 것이다. 남자가 여자로 된 것은 조금 이상하다고 생각한다.

  다음 날 아빠 엄마는 마사지를 받고 나와 동생은 가이드 아줌마가 사 준 과자를 먹으며 핸드폰 게임을 했다. 오후에는 코끼리 공원에서 코끼리를 탔는데 너무 높아서 조금 무서웠다.

  마지막 날 우리는 말린 과일을 사고 새벽 세시 비행기를 타고 한국으로 돌아왔다. 이번 여행은 신기한 것도 많이 보고 맛있는 열대과일이랑 해물을 실컷 먹을 수 있어서 좋았다.

7 체험한 글은 기록이 중요해

 윤태야, 어제 과학관에 다녀왔다며? 학교에서 현장학습 체험글 써오라고 하지 않았어?

 삼촌도 이제 척척박사네요. 체험학습이든 수련회든 갔다 오는 건 좋은데, 다녀와서 보고서를 쓰라고 해서 짜증 나요. 감상문이나 다른 글은 좀 알겠는데 보고서나 체험글은 어떻게 써야 돼요?

 일단 체험글은 그 과정을 겪을 때 충실히 메모하는 게 중요해. 그리고 팸플릿이나 자료를 잘 챙겨오면 더 좋고. 우선, 보고서 형식으로 표에 쓰는 걸 가르쳐줄게.

 우리 선생님은 표 말고 그냥 공책이나 원고지에 써서 내라고 하셨는데요.

 그래, 항상 보고서 형식으로 쓸 필요는 없지. 생활글처럼 보고, 듣고, 경험한 것을 순서에 따라 써도 좋아. 그때 느낀 감정이나 생각을 덧붙여도 괜찮고.

 이것도 여행글과 조금 비슷하네요.

체험글, 이렇게 써봐

🔍 견학이나 체험학습을 가게 된 동기와 날짜와 장소를 씁니다.

🔍 무엇을 어떻게 관찰하고 체험했는지 씁니다.

🔍 그곳에 가서 새로 알게 된 것이나 깨달은 점을 씁니다.

🔍 체험 후 생각한 것이나 느낀 점을 적습니다.

🌈 그럼 한번 따라서 써볼까?

체험학습 보고서

4학년 5반 이름 최윤태

체험 날짜	2016년 5월 10일 목요일
체험 장소	과천과학관
체험 내용	나는 지난주에 규민이네 식구들과 과천과학관에 다녀왔다. 날씨가 엄청 좋았고 사람도 많았다. 가장 처음 들어간 곳은 '뇌파 마술사'였는데 그것은 뇌파로 게임을 하는 곳이다. 머리에 이상한 전선을 감고 손이 아닌 뇌파로 게임을 조종한다. 처음에는 이게 과연 가능할까 의심했는데 잘되는 걸 보니 신기했다. 다음 순서는 시간을 놓쳐서 못 갔다. 그래서 '올로'로 대신했다. '올로'는 레고처럼 조립해서 만드는 것인데 모터가 있어 움직일 수 있다. 거기서 나는 티라노사우르스를 만들고 싶었지만 강사님이 강아지를 만들라고 해서 조금 실망했다. 그다음에는 '트리아의 별 로봇랜드의 전설'을 보았다. 그곳에 휴머노이드가 있었는데 정말 신기했다. 휴머노이드는 키가 거의 나만큼 크고 움직일 수도 있고 춤도 추고 말도 한다.
체험 후 느낀 점	나는 이번 과학관에서 경험한 게 정말 재미있었다고 생각했다. 만약 휴머노이드 같은 로봇이 우리 집에 있다면 심부름을 시킬 것이다. 아마 친구들이 엄청 부러워할 것 같다. 하지만 조금 무서운 생각도 들었다. 로봇이 나를 공격할 수도 있기 때문이다. 다음에도 과학관에 또 가고 싶다.

🌈 다른 친구들은 체험글을 어떻게 쓸까?

> **제목:** 키자니아 현장체험학습을 다녀와서
>
> 3학년 장선아

　지난 금요일 우리 학교에서는 키자니아로 현장학습을 다녀왔다. 나와 태정, 소진, 공유는 모두 소방관을 해보고 싶었다. 그래서 빨리 소방서로 갔지만 사람이 너무 많아 같은 층에 있는 대학을 먼저 둘러보기로 했다.

　이번 시간이 시각디자인에 대한 공부라서 애니메이션 포스터를 디자인해보았는데 태정이가 몬스터를 너무 웃기게 그려서 빵 터졌다.

　2층으로 내려와 과학수사대 CSI에 갔다. 거기서는 범인을 잡기 위해 몽타주를 만들고 지문도 찾아보았다. 우리는 곧 범인이 누구인지 알아내 경찰에게 알려주었고 경찰이 출동해 범인을 잡았다. 진짜 수사대가 된 것 같아 뿌듯했다.

　같은 층에 있는 대사관에서 외교관을 체험해보고 병원으로 갔다. 병원에는 수술실, 응급실, 약국, 신생아실 등이 있었는데 우리는 사람이 별로 없는 신생아실로 갔다. 아기 인형을 가지고 목욕도 시켜주고 로션도 발라주었다. 이걸 경험하니까 나도 이렇게 태어났구나 하는 생각이 들었다.

여기저기 좀 더 둘러보고 모이는 시간이 되어 약속장소인 1층 대기소로 갔다. 다리도 아프고 힘들었지만 많이 기다렸던 현장학습이라서 너무 즐거웠다. 그러나 꼭 해보고 싶었던 소방관을 못 해봐서 아쉬웠다.

제목: 피자만들기 체험

4학년 이영현

학원 친구들과 유명 피자 회사에서 하는 피자 만들기 체험에 다녀왔다. 피자는 내가 가장 좋아하는 음식이라 너무나 기대됐다. 가자마자 앞치마와 머릿수건을 하고 이름표를 달았다.

"안녕하세요, 저는 피자 만들기 달인 ○○○요리사입니다."

잠시 후, 할아버지 요리사가 들어와 밝게 웃으며 인사했다. 그러자 요리사 옷을 입은 언니들이 들어와 밀가루 반죽을 나누어주었다.

"도우를 넓게 펴주고 막대 치즈를 동그랗게 감추어봅시다."

할아버지 요리사가 친절하게 가르쳐주셨다. 내 옆에 있는 아이는 반죽을 세게 잡아당기는 바람에 찢어졌다. 그러자 언니들이 와서 땜빵을 해주었다.

그다음 반죽 위에 토마토 소스를 바르고 햄과 피망, 버섯 같은 토핑을 얹은 후, 모짜렐라 치즈를 골고루 뿌려주면 끝이었다. 피자 만드는 게 생각보다 쉬워서 놀랐다. 다 만든 피자를 오븐에 넣고 굽는 동안 할아버지 요리사가 퀴즈를 냈고 우리가 알아맞히자 치즈를 한 개씩 주셨다.

조금 있으니까 고소한 냄새가 퍼졌고, 곧 다 구워진 피자가 배달되었다. 우리는 자기가 만든 피자를 맛있게 먹고 남은 건 포장해서 가지고 왔다. 아빠 엄마가 피자를 먹어보더니 산 것보다 더 맛있다고 칭찬해주셨다. 다음에 집에서 나 혼자 만드는 것에 도전해봐야겠다.

제목: 우락부락 캠프

3학년 김규민

이번 겨울방학에는 우락부락 캠프에 갔다. 엄마가 집에서 인터넷으로 신청한 다음 뽑기를 해서 당첨이 되었다. 엄마 없이, 신청한 사람끼리 버스를 타고 갔다. 인천까지 가는데 멀미가 났지만 참고, 의자 두 개에 누워서 갔다.

나는 도착하자마자 우리 조가 있는 곳으로 갔다. 우리 조 이름은 렛잇비 탐험대이다. 우리가 하는 활동은 인천을 돌아다니는 것이다. 차이나타운도 가고 골목길도 갔다. 차이나타운은 처음 가보았는데, 신기하고 재미있었다. 건물이나 지붕 색깔이 전부 빨갛고 글씨는 한문이라 못 읽었다. 대장님이 미션을 주어 신발 가게와 떡집, 닭강정 집에 가서 사진을 찍었다. 시장에서 포춘쿠키와 짜장면, 빵을 먹었다. 배가 고파서 전부 다 맛있었다.

  숙소로 돌아와 일찍 잠을 자고 새벽에 등대를 보러 갔다. 캄캄한 바다에서 배들이 등대를 보고 길을 찾아온다고 했다. 등대가 생각보다 작아서 조금 실망했다. 그리고 낮에는 골목에 분필로 그림을 그렸다. 분필이 손톱만 해졌다가 다 사라질 때까지 그렸다. 그리고 마지막 날에는 그걸 모두 지웠다.

  처음 이 캠프에 간다고 했을 때는 엄마 맘대로 신청해서 짜증이 났다. 나한테 물어보지도 않고 정했기 때문이다. 하지만 막상 와서 신기한 것도 많이 해보니 재미있었다. 그래도 다음에는 엄마 마음대로 안 하고 내 의견을 묻고 나서 신청하면 좋겠다.

제목: 스카우트 수련회를 다녀와서

4학년 최대연

컵스카우트에서 수련회를 갔다.

"빨리 앉습니다. 알겠습니까?"

가자마자 교관이 군대처럼 우리를 맞이했다. 숙소를 정해주었는데 냄새가 너무 안 좋았다. 그때 영균이가 여자 숙소는 베란다가 넓고 컴퓨터도 있다고 해서 부러웠다.

점심시간에 급식실에 갔는데 또 실망했다. 카레가 국처럼 물이 많고 양배추랑 당근만 가득했다. 그래도 탕수육이 있어서 천만다행이었다.

밤에 야간 추적 놀이를 했다. '야간 추적'이라고 적혀 있는 포스터 밑에 써진 정답을 많이 찾은 사람이 이기는 놀이다. 나는 1등을 할 것이라고 굳게 다짐하였지만 1점 차이로 졌다.

다음 날 6시 30분에 일어나 산책을 하고 밥을 먹었다. 이렇게 일찍 일어나야 해서 짜증이 나고 여기 온 게 후회스러웠다. 하지만 낮에 물놀이하면서 그런 생각은 다 날아가버렸다. 난 원래 수영을 못했는데 애들한테 배워서 할 수 있게 되었다. 팔을 빨리 움직이고 물장구를 치니까 몸이 둥둥 떠서 앞으로 나갔다.

마지막 날도 똑같이 6시 30분에 일어나 아침을 먹었다. 그리고 짐 정리를 한 후 오리엔티어링을 했다. 이번엔 진짜 1등을 하고 싶어 친구들한테 몇 개 찾았냐고 물어보았다. 내가 조사한 결과 우리 팀이 1등을 했다. 하지만 선생님이 결과를 가르쳐주지 않아 난 울컥했다. 이번 수련회에서는 내가 원하는 게 하나도 이루어지지 않아 별로였다.

8. 주장하는 글은 내 스타일이야

요즘 우리 학교에서 유명 브랜드 트레이닝 바지하고 운동화가 유행이거든요. 그런 거 없으면 애들이 막 무시하고 왕따도 시키고 그래요. 그래서 선생님이 브랜드 옷이나 신발만 좇지 말자는 글을 써오래요. 다른 글쓰기는 연습해봐서 좀 하겠는데 이런 글은 어떻게 써야 할지 막막해요.

브랜드만 좇아서는 안 된다…… 이런 글을 주장하는 글이라고 해. 주장하는 글은 누군가를 설득하거나 어떤 문제에 대해 자기 생각을 체계적으로 쓰는 것을 말하지. 반려동물을 버리지 말자, 전기를 아껴 쓰자 같은 주제로 쓰는 게 주장하는 글에 속한단다.

아, 그런 거 학교에서 해본 적 있어요. 그런데 체계적으로 쓰는 게 뭐예요?

주장하는 글은 보통 '처음, 가운데, 끝'으로 나누는데, '처음'에는 독자의 관심을 끌거나 내가 말하고자 하는 문제가 뭔지 밝혀야 해. '가운데'는 본론이라고도 하는데 주장에 대한 이유를 적는 거란다. 마지막으로 '끝'은 주제가 잘 드러나도록 정리해서 마무리하면 되지.

주장하는 글, 이렇게 써봐

🦗 내가 주장하려는 주제를 분명히 정합니다. 반려동물을 버리지 말자, 학교숙제는 있는 게 좋은가, 학교에 화장품을 가지고 다니지 말자 등 주변에서 흔히 부딪히는 문제를 논제로 합니다.

🦗 주제를 뒷받침해줄 수 있는 근거나 이유를 제시합니다. 자기만의 엉뚱한 생각 말고 남들도 충분히 공감할 수 있는 근거여야 합니다.

🦗 앞에서 주장한 내용에 따라 바람직한 방향이나 해결 방법 등을 제시하면서 마무리합니다.

 그럼 한번 따라서 써볼까?

	논제: 브랜드 옷이나 신발만 좋아하면 안 된다.
처음	요즘 브랜드 점퍼와 트레이닝 바지, 그리고 비싼 메이커 신발이 유행이다. 그러나 나는 이렇게 유명 브랜드 옷과 신발만 좋아하는 건 바람직하지 않다고 생각한다.
가운데	이유를 세 가지로 나눌 수 있다. • 그걸 갖지 못한 사람은 소외감을 느낀다. • 브랜드를 사주려면 부모님께 너무 부담이 된다. • 비싸다고 해서 꼭 좋은 건 아니다.
끝	그러므로 브랜드보다는 싸고 질 좋은 물건을 사고, 진실한 마음과 우정을 더 소중히 여겼으면 좋겠다.

···▶ 개요에 맞춰 써보기

제목: 브랜드 옷이나 신발만 좋아하면 안 된다

　요즘 우리 학교에는 브랜드 점퍼와 트레이닝 바지, 그리고 비싼 메이커 신발이 유행이다. 그래서 그런 옷이나 운동화가 없으면 무시하고 안 놀아준다. 누가 비싼 옷이나 신발을 착용하고 오면 달려가서 멋있다고 말해주고 같이 놀자고 한다. 그러나 나는 이렇게 유명 브랜드 옷과 신발만 좋아하는 건 바람직하지 않다고 생각한다.

　왜냐하면 그걸 갖지 못한 사람은 소외감을 느끼기 때문이다. 그리고 비싼 걸 사주려면 부모님께 너무 부담된다. 갈수록 경제가 어려워서 돈 벌기도 어려운데 자식들이 이것 사 달라 저것 사 달라 조르면 너무 속상할 것이다. 얼마 전 뉴스에서 봤는데 같은 공장에서 만든 옷이, 하나는 유명 브랜드 상표를 달고 몇십 만 원짜리 옷이 되고 또 하나는 그냥 시장에서 파는 몇만 원짜리 옷이 되었다. 그러니까 비싸다고 해서 꼭 좋은 건 아니다.

아이들은 유명 브랜드 옷이나 신발을 사면 자기가 그만큼 멋있어진다고 생각한다. 하지만 그런 것에만 신경 쓰면 진짜 소중한 것을 놓칠 수 있다. 나는 아이들이 브랜드보다는 싸고 질 좋은 물건을 사고, 진실한 마음과 우정을 너 소중히 여겼으면 좋겠다.

 다른 친구들은 주장하는 글을 어떻게 쓸까?

제목: 괴담을 퍼트리지 말자

4학년 김은수

언제부터인가 근거 없는 얘기들이 여기저기 떠돌고 있다. 엘리베이터의 거울을 계속 보면 전생이 보인다고 하고, 마른 해산물 냄새를 맡으면 마취가 되어 잠이 든다고도 한다.

왜 이렇게 괴담이 자꾸 생겨나는 것일까?

내 생각에는 우선, 사람들이 괴담을 듣고 너무 무서워하기 때문이다. 그래서 재미있으니까 자꾸 만들어내는 거다. 그다음은 스마트폰의 발달 때문이기도 하다. 무슨 얘기든지 카톡이나 SNS로 퍼트리면 삽시간에 모든 사람이 다 알 수 있다.

이렇게 확인되지 않은 괴담이 유행하다 보면 여러 가지 문제점이 생길 수 있다. 아이들은 무서워서 혼자 엘리베이터도 못 탈 것이고 귀신 생각 때문에 집에서 혼자 있지도 못할 것이다. 그리고 전쟁이 났다는 둥, 지구가 멸망한다는 둥 이런 소문이 나면 사회가 혼란에 빠질 수 있다.

그러므로 아무 얘기나 듣고 옮기면 안 된다. 이런 괴담을 만드는 사람은 벌금을 냈으면 좋겠다. 처벌이 있으면 괴담이 줄어들 것 같다.

제목: 왕따를 없애자

4학년 김현우

  우리 학교에는 왕따나 학교폭력이 없을까요? 없다고 생각하겠지만, 있습니다. 저도 3학년 때 왕수진이라는 아이를 왕따 시킨 적이 있고 왕따를 당해본 적도 있습니다. 저는 왕따가 됐을 때의 느낌을 알고 있습니다. 그때는 너무 괴롭고 학교에 가기도 싫었습니다. 그런데 왜 왕수진을 왕따시켰냐고요? 그건 내가 당한 것과 똑같은 고통을 주고 싶어서였습니다. 하지만 내가 잘못 생각했다는 것을 나중에 깨달았습니다.

  왕따나 학교 폭력이 나쁜 이유는 뭘까요. 그건 왕따를 당하는 사람도 괴롭지만 시키는 사람도 괴롭기 때문입니다. 그리고 왕따 때문에 우울증을 앓거나 자살을 하는 학생도 있습니다. 왕따가 그만큼 무서운 것입니다.

  왕따를 없애려면 우선 친구가 잘못한 것이 있으면 뒤에서 수군거리지 말고 직접 말해줘야 합니다. 그리고 장애가 있거나 공부를 못하는 아이가 있으면 같은 반 친구니까 서로 힘을 합해서 도와주고 이끌어주어야 합니다. 그러면 왕따가 없는 따뜻하고 즐거운 반이 될 수 있을 것입니다.

제목: 할로윈데이 지켜야 하나?

4학년 이채원

10월 31일이 되면 우리나라에서도 할로윈데이 축제를 합니다. 영어학원이나 유치원에서 귀신 분장을 하거나 마녀 옷을 입고 호박에 촛불을 넣고 파티를 합니다. 그러나 나는 우리나라 사람들이 할로윈데이를 지키는 것은 바람직하지 않다고 생각합니다.

첫째, 할로윈데이는 우리나라와는 아무런 상관이 없습니다. 기원전 500년경 아일랜드 켈트족의 풍습인 삼하인 축제에서 유래된 걸 우리가 왜 지킵니까.

둘째, 쓸데없이 돈이 많이 듭니다. 요즘은 마녀 분장뿐 아니라 공주나 왕자, 배트맨 같은 복장을 하고 가는 경우도 많아서 그걸 다 사려면 백만 원이 넘게 드는 경우도 있습니다.

물론 할로윈데이 파티를 하면 재미있고 다른 나라 풍습도 체험할 수 있어서 좋다고 하는 사람도 있을 것입니다. 그러나 외국 것이라면 무조건 좋다고 다 받아들이는 것은 바람직하지 않습니다. 게다가 귀신이나 괴물 분장은 아이들의 정서에도 나쁜 영향을 줍니다. 그러므로 저는 할로윈데이를 지키는 것에 반대합니다.

제목: 만화책의 좋은 점과 나쁜 점

3학년 이윤후

　만화책은 누구나 좋아한다. 어른들도 만화가 있으면 보게 되고, 아이들도 흥미를 갖는다. 그래서 서점이나 도서관에 가면 만화책을 보고 있는 사람들이 많다.

　만화책의 좋은 점은 뭘까? 나는 일단 재미라고 생각한다. 만화책은 그림도 웃기고 내용도 엉뚱해서 시간 가는 줄 모른다. 그리고 상상력도 풍부해진다. 사람이 애벌레나 동물과 말을 하기도 하고 함께 우주를 여행할 수도 있다. 또, 요즘은 학습만화도 많아서 공부에 도움이 된다. 역사나 과학처럼 어려운 내용도 만화로 보면 쉽게 이해하게 된다.

　하지만 만화책을 지나치게 많이 보면 중독이 되는 단점도 있다. 시리즈로 된 것은 한번 보면 다음 얘기가 궁금해서 공부에 집중이 안 된다. 그리고 폭력적인 내용이나 욕이 나와서 나쁜 걸 배우게 된다.

　그러므로 공부를 너무 많이 해서 머리가 아플 때 기분전환으로 잠깐씩 보는 정도가 좋을 것 같다. 그리고 가능하면 건전하고 유익한 내용의 만화도 많이 나와 있으니 그걸 찾아서 읽어야 한다고 생각한다.

 ## 학교 글쓰기 대회 걱정하지 마!

　학교 글쓰기는 주장하는 글을 쓸 때가 많다. 주장하는 글은 앞에서 읽어본 대로 내 생각을 정리하고 난 후 써야 하므로 생각보다 어려운 일이다. 하지만 몇 번 시행착오를 겪으며 쓰다 보면 점점 잘 써지는 것을 알 수 있다.

　이제부터 소개할 글들은 주제에 맞는 주장이 적절히 표현된 글이다. 학교에서 주최하는 글쓰기 대회는 매년 비슷한 주제로 치러진다. 만약 학교 글쓰기 대회를 앞두고 있다면, 미리 읽고 내 생각을 정리해보면 도움이 될 것이다.

1. 통일 글쓰기

제목: 우리의 미래를 위한 통일

5학년 김다현

얼마 전 〈국제시장〉이라는 영화를 봤다. 6·25 전쟁이 터지자 북한에서 엄청 많은 사람이 남한으로 내려왔다. 어떤 사람은 다치고 또 어떤 사람은 전염병에 걸리거나 가족을 잃고 슬퍼했다. 전쟁이 끝난 지도 65년이 되어가지만 아직도 남과 북은 휴전상태이다. 전 세계적으로 한민족이 남과 북으로 나뉜 곳은 우리 한반도밖에 없다. 나는 하루속히 통일이 되어야 한다고 생각한다.

그 이유는 다음과 같다.

첫째, 남한과 북한이 힘을 모으면 다 같이 잘 살게 된다. 북한은 지하자원이나 관광자원이 많고 우리나라는 그것을 개발할 기술이 있으니까 힘을 모으면 서로에게 도움이 된다. 그리고 우리나라 사람들은 머리가 좋으므로 과학기술이 더 발달하게 될 것이다.

둘째, 우리나라도 강대국이 될 수 있다. 남과 북의 군대와 무기를 합치면 다른 나라가 함부로 하지 못한다. 일본이 맨날 독도가 자기네 땅이라고 우기는데 우리나라가 힘이 세지면 지금처럼 주장하지 못할 것이다.

셋째, 남한과 북한이 함께 올림픽이나 월드컵에 나가면 우승을 할 수 있다. 남한뿐 아니라 북한에도 스포츠에 재능 있는 사람들이 많아 중국이나 영국, 미국을 넘어설지도 모른다.

그러므로 우리는 통일을 위해 많은 노력을 해야 한다. 북한의 문화나 말도 이해해야 하고, 우리나라 아이돌 가수와 북한의 예술단이 함께 공연도 하면서 가까워져야 한다. 통일은 우리의 미래를 위해서 필요하다는 것을 다 같이 기억했으면 좋겠다.

2. 한글 사랑 글쓰기

제목: 한글을 소중히 여기자

6학년 김서하

오늘은 한글날이다. 이날은 한글의 우수성을 널리 알리기 위해 만들어졌다. 한글은 세계 어느 나라 글자보다 우수하다. 우선, 배우기가 쉽다. 중국어는 기본적으로 1,000자 정도는 알아야 하지만 한글은 자음 14자, 모음 10자만 알면 얼마든지 글자를 만들 수 있다.

그리고 혀뿌리의 모양을 본떠 만들어서 과학적이다. 소리를 낼 때 입술과 혀, 목구멍의 모양이 달라지는 것을 반영했다. 또, 한글은 어떤 소리든지 다 표현할 수 있다. 깔깔, 낄낄, 꼬끼오, 꽥꽥 꽉꽉 등 웃음소리나 동물소리도 다 만들어낼 수 있다.

그런데 어느 날부턴가 우리 한글이 너무 파괴되고 있어서 걱정이다. 욕, 비속어는 말할 것도 없고, '솔까말, 초딩, 중딩, 핵노잼, 생선ㄱㄱ, ㄲㅈ, ㅎㄷㄷ'처럼 말을 줄이거나 자음만 적는 외계어까지 유행하고 있다. 인터넷이나 카톡에서 문자를 쉽게 주고받으려다 보니 이렇게 된 것이다. 문구점에 가면 필통이나 가방 같은 곳에도 'ㄲㅈ(꺼져)', '호구' 같은 말이 디자인되어 있다.

이렇게 한글을 함부로 여기는 것은 우리 민족의 얼과 자존심을 버리는 것과 같다. 주시경, 최현배 같은 분들은 우리말 연구에 평생을 바쳤고, 전형필 선생은 부모에게 물려받은 모든 재산을 한글과 문화재를 지키는 일에 썼다. 우리도 그 뜻을 마음에 새겨서 비속어나 줄임말, 외계어 등의 사용을 줄이고 바르고 정확하게 쓰려고 노력해야 할 것이다.

3. 환경 글쓰기

제목: 지구 온난화를 막자

5학년 이보람

현재 지구 온난화로 인해 남극과 북극의 얼음이 녹고 있다. 이대로 가다가는 수백 년 안에 남극의 얼음이 사라질 수도 있다고 한다. 이러한 현상이 일어나는 이유는 바로 엘니뇨 때문이다. 엘니뇨는 바다 온도가 높아져서 홍수와 태풍, 가뭄과 같은 기상 이변을 일으키는 것을 말한다.

이렇게 엘니뇨 현상이 심해지는 이유는 뭘까?

우선, 대기오염이나 온실가스로 인해 환경오염이 심각해져서 그렇다. 너도나도 자동차를 타고 다니고, 에어컨이나 온풍기 같은 것을 계속 사용하다 보니 매연과 가스로 대기가 오염된다. 그리고 사람들이 고기를 많이 찾으니까 소를 많이 키우고, 소가 방귀를 뀌면 매탄가스량도 늘어난다.

그다음은 환경 파괴다. 산이나 숲, 늪 같은 자연이, 건물을 짓고 도로를 만드느라 계속해서 파괴되고 있다. '지구의 허파'로 불리는 브라질 아마존의 산림도 엄청난 개발로 1년에 서울의 약 8배 가까이 사라진다고 한다.

지금부터라도 우리는 지구 환경을 지키기 위해 힘써야 한다. 공익광고에서 '밟지 말고 밟으세요, 올리지 말고 올리세요, 잡지 말고 잡으세요.' 하는 노랫말이 있다. 이것은 자동차 에셀을 밟지 말고 자전거 페달을 밟으라는 말이고, 보일러 온도를 올리지 말고 외투 지퍼를 올리라는 말이다. 그리고 엘리베이터를 잡지 말고 계단 손잡이를 잡으라는 말이다.

이것 말고도 안 쓰는 전기기구는 코드를 빼놓고 가까운 거리는 걸어서 다니면서 에너지를 절약해야 한다. 그래야만 지구 온난화로 인한 재앙을 막을 수 있다. 나부터라도 조금씩 실천해야겠다.

4. 인권 존중 글쓰기

제목: 차별 받지 않을 권리

5학년 차지해

　인권이란 인간이라면 누구나 누릴 수 있는 권리를 말한다. 자기가 믿고 싶은 종교를 믿을 수 있고, 다른 사람에 의해 사생활을 간섭받지 않아야 한다. 그리고 자기 입장이나 생각을 자유롭게 표현할 수 있어야 하고 차별받지 않아야 한다. 그러나 지금 우리 어린이들은 학교에서나 가정에서 인권을 보호받지 못하는 일이 종종 있다.

　먼저, 공부를 못하는 것 때문에 차별을 당한다. 부모님이나 선생님은 공부를 잘하는 아이는 예뻐하고 공부를 못하는 아이는 안 좋은 쪽으로 생각한다. 똑같은 실수를 해도 공부를 잘하는 아이가 하면 조금 혼내고 못하는 아이가 하면 엄청 심하게 혼낸다.

　그다음, 남자나 여자라는 이유로 차별하는 경우도 있다. 예전에는 여자가 차별받는 일이 많았지만 요즘은 남자가 더 많은 차별을 당한다. 무거운 짐을 옮길 때나 힘든 일이 있으면 남자가 해야 한다고 하고, 버스를 탈 때나 급식 줄을 설 때는 여자가 우선이라고 한다. 그리고 선생님은 여자애들이 남자애들을 막 괴롭힐 때는 신경도 안 쓰면서 남자가 여자를 때리면 비겁하다고 말한다.

  마지막으로 장애나 외모를 가지고 인권을 침해하는 일도 많다. 반에서 키가 작거나 뚱뚱하면 대부분 똥자루, 뚱돼지 같은 안 좋은 별명을 지어 부른다. 심한 경우 외모 때문에 왕따를 당하는 일도 있다.

  사람은 누구나 행복하게 살아갈 권리가 있다. 편견이나 고정관념 때문에 차별을 한다면 다른 사람의 기본권을 침해하는 것이다. 그러므로 내가 존중받고 행복하고 싶은 만큼 다른 사람도 그렇다는 걸 알았으면 좋겠다.

 삼촌, 이번에 우리 지역에서 '늘 푸른 어린이 위원회' 회원을 뽑는데, 저 거기 들어가고 싶어요. 근데 신청자가 많아서 원서도 내고 자기소개서도 써야 한대요.

 '늘 푸른 어린이 위원회'가 뭘 하는 곳인데?

 한 달에 두 번씩 모여서 여러 가지 봉사도 하고 어린이 문제 중 심각한 게 있으면 토론도 하고요. 형들이 그러는데 그곳에 들어가면 단체로 체험학습도 가고 비용도 다 대준대요. 그래서 우리 반 애들도 많이 신청했어요. 원서는 여기 있는 대로 이름이랑 주소 쓰면 되는 거 같은데, 자기소개서는 뭐예요?

 우리가 벌써 몇 달째 글쓰기를 하고 있는데 아직도 안 해본 게 있구나. 자기소개서라면 이 삼촌이 가장 자신 있게 할 수 있는 거란다. 입사시험 볼 때마다 오죽 많이 썼어야지. 자기소개서란 다른 사람에게 자신을 알리기 위하여 쓰는 글이란다. 요즘은 동아리나 학교, 회사, 이런저런 단체에 들어갈 때도 자기소개서를 제출하라고 하지.

맞아요, 저번에 방송부원 뽑을 때도 자기소개서 써 오라고 했어요. 자기소개서를 내라고 하는 이유가 뭔데요?

자기소개서에는 그 사람의 성품이나 자라온 환경, 관심 분야, 장점, 단점 등이 담겨 있어서 그걸 보면 채용하거나 뽑는 목적에 맞는 사람인지 아닌지 알 수가 있거든.

그럼 자기한테 유리하게 쓰면 되겠네요. 자기소개서도 쓰는 순서기 있어요?

윤태 말이 맞다. 지원하는 사람은 자기가 뽑히기를 원하니까 가능하면 심사하는 사람이 날 선택하고 싶도록 써야지. 일단 자기소개서를 쓸 때 꼭 명심해야 하는 것을 몇 가지 가르쳐줄게.

자기소개글, 이렇게 써봐

- 어떤 내용을 무슨 순서로 쓸 것인지 정합니다. 가족소개, 나의 자랑거리, 성격, 취미, 나의 장단점, 장래희망, 내가 존경하는 인물 등을 포함합니다.

- 지나치게 포장하거나 뽐내려 해서는 안 되고 솔직하면서도 진실하게 씁니다.

- 나를 뽑아준다면 이 단체나 모임을 위해 어떻게 노력할 것인지 씁니다. 자신이 할 수 있는 능력 안에서 계획을 보여줍니다.

- 글을 정확하고 간결하게 씁니다. 맞춤법이나 띄어쓰기가 틀리지 않도록 잘 검토합니다.

🌈 그럼 한번 따라서 써 볼까?

제목: 나를 소개합니다

3학년 최윤태

저는 모르는 사람과도 금방 친해질 만큼 사교성이 좋은 점이 특징입니다. 항상 밝게 웃기 때문에 친구도 많고 웬만해서는 잘 싸우지도 않습니다. 그리고 저는 만드는 것이나 조립하는 것을 좋아합니다. 1, 2학년 때는 레고로 공룡이나 자동차 같은 걸 만들었고, 요즘은 프라모델을 조립합니다. 아빠는 이런 저에게 끈기가 있다고 칭찬하십니다.

저는 나중에 커서 소방관이 되는 게 꿈입니다. 불이 났을 때 소방차를 타고 가서 불을 끄고 사람들을 구해줄 것입니다. 소방관이 되려면 공부도 잘하고 운동 신경도 좋아야 한다고 생각합니다. 그래서 저는 평소 힘을 기르기 위해 철봉도 하고 태권도를 열심히 배우고 있습니다.

'늘 푸른 어린이 위원회'에서 저를 선발해주신다면 저의 능력을 발휘하여 최선을 다하겠습니다. 그리고 이런 활동을 통해 리더십과 봉사 정신을 길러서 꼭 훌륭한 소방관이 되겠습니다.

 다른 친구들은 자기소개글을 어떻게 쓸까?

제목: 자기소개서

3학년 성준수

　제 이름은 성준수, 현재 평내동 장미 아파트에 살고 있습니다. 우리 가족은 아버지, 어머니, 누나 그리고 저, 이렇게 넷입니다. 저는 지금 3학년 3반 반장을 맡고 있습니다.

　제 성격은 아는 사람에게는 명랑하지만 처음 본 사람에게는 무척 소심합니다. 그래도 친구들은 많습니다. 아는 사람한테만 명랑하게 대하는 나의 성격이 조금 싫기도 합니다.

　저의 가장 큰 특기는 게임을 잘하는 것입니다. 어떤 게임이든지 다 잘합니다. 특히 '메이플스토리'나 '29별'을 잘합니다. 게임을 잘하는 상대를 찾고 있다면 언제든 저를 불러주세요.

　저의 꿈은 과학자가 되는 것입니다. 나도 언젠가는 새로운 발명품을 만들어 돈도 많이 벌고 싶습니다. 전 세계에 이름을 알리는 그날까지 노력할 것입니다.

　이제 4학년이 되려면 석 달도 남지 않았습니다. 4학년 공부는 3학년보다 훨씬 어렵다고 들었습니다. 비록 일등은 못하더라도 열심히 하고 씩씩한 어린이가 되겠다고 다짐합니다.

제목: 나를 소개합니다

5학년 이현우

   나를 가장 잘 표현할 수 있는 단어는 개그맨이다. 내가 먼저 그렇게 생각한 건 아니고 우리 반 친구들이 웃긴다면서 먼저 그렇게 말해주었다. 사촌 형도 내가 웃긴다고 내가 자기네 반에 가면 인기가 많을 것이라고 했다. 3학년 때까지는 친구들한테 별 관심을 못 받았지만 4학년에 들어가면서 인기가 많아졌다. 나는 내가 한 말이 그렇게 웃긴다고 생각은 안 하는데 친구들은 뭐가 그렇게 웃긴지 나만 보면 웃는다. 만약 내 꿈인 축구 선수가 안 되면 개그맨을 할까 생각 중이다.

   내가 가장 존경하는 인물은 축구선수 박지성이다. 나는 2학년 때까지는 축구에 대해 아무것도 몰랐다. 그러나 3학년에 올라가서 친구들과 축구를 하면서 본격적으로 축구에 관심을 가졌다. '네이버 스포츠'에 가서 축구기사도 보고 아빠랑 가끔 축구장으로 경기를 보러 갔다. 나는 그곳에서 처음 박지성 선수를 만나보았다. 나도 박지성 선수처럼 축구선수에 대한 꿈을 버리지 않고 꾸준히 노력하여 꼭 훌륭한 축구선수가 되고 싶다.

제목: 내 소개

5학년 송은아

저는 직장을 다니시는 평범한 아빠와 주부이신 엄마, 그리고 두 살 위인 오빠와 함께 살고 있습니다. 엄마는 제 학교생활과 친구들에게 관심이 많습니다. 그리고 잘못했을 때는 엄청 잔소리를 많이 하시지만 끝난 후에는 항상 안아주십니다. 그리고 아빠는 팝송을 좋아하고, 제가 배우고 싶은 게 있으면 엄마를 설득해주십니다. 오빠는 조금 내성적이지만 발표도 잘하고 장난을 좋아합니다.

이런 가정환경에서 자란 저는 장점이 많습니다. 우선, 책을 많이 읽어서 다독상도 받았고, '책 먹는 나무'라는 서평 적기 코너에 글을 많이 올려서 상품권도 열 장이나 받았습니다. 그리고 배려심이 많고 친구의 얘기를 잘 들어줍니다.

하지만 단점도 있습니다. 친구들의 요구를 거절하지 못해서 애들이 만만하게 본다는 것입니다. 그래서 앞으로는 잘해줄 때는 잘해주고 화를 낼 때는 내야 한다고 생각했습니다. 또 다른 단점은 수업 시간에 엉뚱한 생각을 많이 한다는 점입니다. 사고 싶은 물건이나 어제 본 드라마, 연예인들에 대해 생각을 합니다. 그래도 저는 다시 태어나도 꼭 저로 태어나고 싶습니다. 내가 살아온 경험이나 받은 느낌 같은 것은 다른 사람이면 할 수가 없기 때문입니다.

10 동시는 정말 쉬워

 삼촌, 나는 동시가 제일 쉬워요. 짧으니까 금세 쓸 수 있잖아요. 백일장에서 주장하는 글이나 생활글, 동시 중에 고르라기에 저는 동시를 두 편이나 썼어요. 한번 볼래요?

제목: 사진기

찰칵찰칵 사진기
누가 날 찍나
찰칵찰칵
기념으로 사진 한 장

제목: 신문

신문에는 소식이 있다
신문을 보면
대통령, 국회의원, 가수도 나온다
만화랑 광고도 있다
그래서 난 신문이 좋다

 정말 이렇게 써서 냈어? 시가 꼭 어때야 한다는 법이 있는 건 아니지만 네가 쓴 시는 별다른 느낌이 없는 것 같다.

 동시는 그냥 예쁜 말이나 방긋방긋, 팔랑팔랑 이런 말을 넣어서 대충 쓰면 되는 거 아니에요?

 대충 쓰다니, 절대 안 될 말! 동시는 어떤 사물을 보거나, 생활 속에서 느낀 감동과 생각을 간결한 언어로 나타내는 거란다. 자신만의 경험이나 감동을 생동감 있게 표현하는 거지. 그럴듯한 말만 늘어놓는다고 해서 마음을 움직이는 글이 될 수는 없어.

 난 동시가 제일 쉬운 건 줄 알았는데 짧다고 쉬운 건 아니네요. 이번에도 상 받기는 틀린 것 같아요.

 너무 실망하지는 마. 지금부터라도 좋은 시를 많이 읽어보고, 마음을 움직이게 하는 소재를 찾아 시를 써보면 된단다.

동시, 이렇게 써봐

- 자신의 생활 속에서 시의 소재를 찾습니다. 아무나 따라가는 강아지, 시험, 토라진 친구, 내가 사온 화분, 비 오는 날 길에서 울던 아이 등 다양하게 찾아봅시다.

- 줄글처럼 자세히 쓰기보다는 느낌을 살려 간결한 언어로 표현합니다.

- '해바라기 같은 얼굴' 같은 직유법이나 '도토리가 웃는다' 같은 의인법, '솔바람 소리는 바닷소리' 같은 은유법을 사용해봅니다.

- 줄을 바꾸어 여운을 주고 하나의 묶인 생각을 연으로 나누어 씁니다.

- 전체적으로 보았을 때 더 필요한 말을 넣고 어울리지 않는 부분은 과감하게 뺍니다.

🌈 다른 친구들은 동시를 어떻게 쓸까?

제목: 중고차

3학년 황병모

우리 집 자동차는 똥차
푸르르 푸르르
덜덜덜 덜덜덜

삼촌이 쓰던 걸
고모가 쓰고
고모가 쓰던 걸
우리가 쓴다.

"앞으로 5년은 끄떡없어"
아빠는 말하지만
그래도 난 새 차가 좋다.

제목: 태풍

2학년 최석준

올해엔 태풍이 세 개나 왔다
태풍은 어디서 혼이 나서
저렇게 신경질이 나 있을까?
나무도 흔들고 간판도 날려 버리고
과일이며 곡식까지 다 쓸어 버린다.

제목: 닭털 뽑기

4학년 김지우

할머니는 닭을 잡아
뜨거운 물에 담근다.

닭털이 쑥쑥 뽑혀서
오빠랑 나도 해 보았다
"닭아, 미안해
아프게 해서"

하지만 닭고기는
너무 맛있었다.

제목: 무지개

2학년 함채유

나는 무지개를
많이 본다.

물 뿌릴 때도 보고
물총놀이 할 때도 보고
비 그쳤을 때도 본다.

하지만 안 잡힌다
무지개는 몸이 없다.

반가운 소식

토요일 아침, 윤태는 삼촌과 야구장에 가기로 했다. 엄마가 삼촌한테 용돈을 주었기 때문이다.

"네가 마지못해 슬렁슬렁 가르친 건 아니구나."

엄마는 윤태가 '늘 푸른 어린이 위원회'에 뽑힌 것도 모자라 독서감상문 대회에서 상까지 받자 좋아서 어쩔 줄을 몰랐다. 이 모든 게 다 삼촌 덕분이라고 무척 기뻐하셨다.

"우리 윤태 때문에 야구장엘 다 가고. 윤태야, 고맙다."

삼촌이 윤태 머리를 헝클어트리며 웃었다.

야구장에 도착하자 이른 시간인데도 사람들이 길게 줄을 서 있었다. 야구경기는 오후 다섯 시 반에 시작이지만 다들 표를 사기 위해 일찍 나온 모양이다.

윤태와 삼촌은 한참을 기다려 겨우 표를 사고 근처에 있는

놀이공원에 갔다. 놀이공원에서도 표를 사려고 기다리는 줄이 길었지만 신나게 놀이기구 탈 생각을 하자 윤태는 조금도 지루하지가 않았다.

안으로 들어가자마자 윤태는 제일 먼저 '3D 황야의 무법자'를 탔다. 회전목마랑 비슷한 건 줄 알았는데 말을 타고 과녁을 맞히는 것이었다. 게다가 말이 마구 흔들려서 손을 놓으면 떨어질 것 같았다. 삼촌은 말 등에 딱 붙어서 총은 쏘아 보지도 못했다. 그다음은 '파라오의 분노'를 탔는데 차를 타고 올라갔다 내려갔다 하니 짜릿하기도 하고 어지럽기도 했다.

"우리 츄러스 먹을까?"

삼촌이 스낵코너 앞에서 말했다. 윤태는 츄러스와 슬러시를 주문했고 삼촌은 소시지를 먹었다. 놀이공원에서 먹는 츄러스는 정말 맛있었다.

"삼촌, 우리도 저거 타요."

윤태가 열기구를 가리키자 삼촌이 화들짝 놀라며 도리질을 했다.

"난 이제 더 이상은 못 타겠어. 머리가 빙빙 돌 지경이야."

"안 돼요 삼촌, 난 저거 꼭 한번 타보고 싶었단 말이에요. 우리 반 용성이가 정말 환상적이랬어요."

윤태는 삼촌 팔을 질질 끌다시피 하여 열기구를 타러 갔다. 하늘에서 놀이공원을 내려다보니 놀이기구들이 한눈에 들어

왔다. 풍선을 들고 달려가는 아이들과 동물 모양 머리띠를 한 어른들도 보였다. 난간을 꽉 잡고 부들부들 떨던 삼촌도 어느새 얼굴이 활짝 펴졌다.

윤태와 삼촌은 열기구에서 내려와 강아지 탈을 쓴 마스코트와 사진도 찍고 한참 더 놀다가 중국음식점으로 갔다. 야구 경기를 보려면 잔뜩 먹어둬야 하니까. 윤태는 짜장면, 삼촌은 짬뽕을 시켰다.

'드르르르 드르르~'

음식을 기다리고 있는데 삼촌 휴대폰이 요란하게 울렸다.

"여보세요, 네 그런데요. 그게 정말입니까?"

갑자기 삼촌 목소리가 커졌다.

"감사합니다, 정말 감사합니다!"

삼촌은 곧 울 것 같은 표정으로 윤태 쪽을 향해 고개를 숙였다. 옆 테이블에서 식사하던 손님들이 무슨 일인가 싶어 삼촌을 쳐다봤다.

"윤태야, 내가 드디어 합격했다. 내가 정말 최종합격됐대."

삼촌은 두 손을 번쩍 들어올리며 만세를 불렀다. 삼촌이 이렇게 기뻐하는 모습은 윤태도 처음 보는 것 같았다.

"삼촌 그럼 이제 더 이상 백수 아니

고 회사 다니는 거예요?"

"이제 고생 끝, 행복 시작이다!"

삼촌은 윤태를 번쩍 들어올렸다.

"축하해요, 삼촌. 근데 야구 늦겠어요."

"그래, 어서 먹고 야구 보러 가야지."

삼촌과 윤태는 짜장면과 짬뽕을 맛있게 먹고 신이 나서 야구 경기장으로 향했다.

생각정리 50분 글쓰기 10분

초판 1쇄 발행 2016년 10월 4일
초판 2쇄 발행 2020년 2월 28일

글쓴이 노혜영
그린이 양은아
펴낸이 박해진
펴낸곳 도서출판 학고재
등록 2013년 6월 18일(제2013-000186호)
주소 서울시 마포구 새창로 7(도화동) SNU장학빌딩 17층
전화 편집 02-745-1722 | 영업 070-7404-2810
팩스 02-3210-2775
이메일 hakgojae@gmail.com

ⓒ 노혜영, 양은아, 2016

ISBN 978-89-5625-334-3 73810

책값은 뒤표지에 있습니다.
잘못된 책은 구입한 곳에서 바꿔드립니다.

이 책은 저작권법에 의해 보호를 받는 저작물입니다.
이 책에 수록된 글과 이미지를 사용하고자 할 때에는 반드시
저작권자와 도서출판 학고재의 서면 허락을 받아야 합니다.

어린이제품안전특별법에 의한 제품 표시	
제조사명 도서출판 학고재	**전화번호** 02-745-1722
제조국명 대한민국	**주 소** 서울시 마포구 새창로 7(도화동)
사용연령 8세 이상 어린이 제품	SNU장학빌딩 17층